Exercices de version anglaise

PAR

Nicolas Carel

Professeur agrégé,
diplômé de Sciences Po, Paris

Presses Universitaires de France

COLLECTION MAJOR
DIRIGÉE PAR PASCAL GAUCHON
CODIRIGÉE PAR PHILIPPE LARUELLE

ISBN 978-2-13-055549-0

Dépôt légal — 1re édition : 2000, octobre
2e édition corrigée : 2006, mars
2e tirage : 2008, juin

6, avenue Reille, 75014 Paris

Sommaire

1

Noms et déterminants

I. Les articles

Les articles semblent souvent simples à traduire. Mais il existe de nombreux cas où l'équivalence directe entre l'anglais et le français n'est pas possible. Voici les principaux :

a) Quand l'article anglais ne se traduit pas

Sans être une véritable faute, la traduction systématique de l'article anglais peut s'avérer superflue :

> Frank's father, a die-hard conservative, had first refused his offer.
> ? Le père de Frank, <u>un</u> conservateur pur et dur, avait d'abord refusé son offre[1].
> → Le père de Frank, (Ø) conservateur pur et dur, avait d'abord refusé son offre.

► *Verbes d'états*
Les verbes d'états ne sont pas toujours suivis d'un article en français. C'est en particulier le cas lorsqu'ils servent à indiquer une profession ou un titre.
Comparez :

> You should become <u>a</u> chemist. → Tu devrais devenir (Ø) chimiste.

1. Le signe [?] indique que la phrase est ambiguë. Le signe [*] indique que la phrase est fausse.

You should ask a chemist.
→ Tu devrais demander à un chimiste.
Max is a poor swimmer. → Il est (Ø) piètre nageur. / C'est un piètre nageur.
John is a student → John est (Ø) étudiant.
What sort of a musician are you ?
→ Quel genre de (Ø) musicien êtes-vous ?
You'll end up as a bum. → Tu finiras (Ø) clochard.
She's not too much of a housewife.
→ Elle n'est pas vraiment femme d'intérieur.

► *Prépositions*
Il faut s'en méfier. Si elles sont suivies d'un article indéfini en anglais, ce n'est pas toujours le cas en français, en particulier pour les vêtements du corps et les objets personnels.

She came in without a hat.
* Elle est entrée sans un chapeau.
→ Elle est entrée sans (Ø) chapeau.
He put his hand in the fire without a glove.
→ Il mit la main dans le feu sans (Ø) gant.

► *Idiomatismes français*
Il faut toujours se demander si la traduction d'une expression idiomatique anglaise ne correspond pas à un idiomatisme français, bien meilleur que le simple mot à mot.

He decided to put an end to it.
→ Il décida d'y mettre (Ø) fin.
We can't sell at a loss.
→ Nous ne pouvons vendre à (Ø) perte.
He had a good mind to leave the party.
→ Il avait (Ø) envie de quitter la soirée.
To pay a call → Rendre (Ø) visite.

► *Titres d'œuvres ou d'articles de presse*
A room with a view → (Ø) Chambre avec vue.
A walk in the country.
→ (Ø) Promenade à la campagne.
An incident at the station → (Ø) Incident à la gare.

b) Quand il faut ajouter un article en français

- *Activités*

  Poaching is usually forbidden.
  ? Braconner est généralement interdit. *(maladresse courante)*
  → Le braconnage est généralement interdit.

  Les verbes en *-ing* se traduisent très souvent par un nom précédé d'un article en français :

  (Ø) Driving on the left is a matter of habit.
  → La conduite à gauche est une question d'habitude.

- *Titres honorifiques*

  (Ø) King Charles I → Le roi Charles Ier.

  Pour les grades militaires, on utilise un possessif :

  Yes, (Ø) Sir. → Oui, mon (capitaine, adjudant, etc.).

- *Titres de presse*
  La presse anglaise peut s'avérer déroutante par l'aspect synthétique de ses titres. L'article, qu'il soit indéfini ou défini, y est très souvent supprimé au profit de l'impact sur le lecteur. Le français ne peut se permettre de telles acrobaties :

  (Un avion a dû atterrir après une dépressurisation de la cabine.)
  (Ø) Wrong bolts held (Ø) aircraft windscreen.
  → Des boulons défectueux ont maintenu le pare-brise de l'appareil.

c) Quand il faut changer de type d'article en français

L'absence d'article en anglais peut correspondre à un article indéfini pluriel, pour les mots dénombrables (ex. : *Ø umbrellas, Ø dogs,* etc.) ou à un article indéfini singulier pour les mots indénombrables (ex. : *Ø coffee, Ø iron, Ø poverty*). Il faut, en traduisant, bien faire la différence entre un mot pris dans son sens le plus général, et le même mot précédé de l'article partitif « de » :

Ø Umbrellas are often useful.
→ Les parapluies *(sens général)* sont souvent utiles.
There were Ø umbrellas of all kinds.
→ Il y avait des parapluies *(partitif)* de toutes sortes.

► *Expressions distributives*
Elles se traduisent presque toujours par « par » ou par l'article défini :

Three times a week. → Trois fois par semaine.
Sixty pence a kilo. → Soixante pence le kilo.

► *Dénombrables/Indénombrables*
Les mots français n'appartiennent pas systématiquement à la même catégorie que les mots anglais qu'ils traduisent. Voici quelques cas à étudier :

Let me give you some good advice.
→ Laissez-moi vous donner un bon conseil.
She was wearing tight jeans.
→ Elle portait un jean serré.
He showed some outstanding courage.
→ Il fit preuve d'un courage hors pair.
That's no evidence.
→ Ce n'est pas une preuve.

► *« The » démonstratif*

Albert was seventy. How could the man be so quick ?
* Albert avait soixante-dix ans. Comment l'homme pouvait-il être aussi vif ?
→ Albert avait soixante-dix ans. Comment cet homme pouvait-il être aussi vif ?

L'article *the* a souvent un sens plus proche de « ce, cette, ces » que de l'article défini français. Bien faire attention au contexte :

He bought her a car. She loved the present and changed her mind about him.

→ Il lui acheta une voiture. Elle aima ce cadeau et changea d'avis à son sujet.

- *Parties du corps et objets personnels*
  Les parties du corps et objets personnels peuvent se traduire de façon contradictoire :

  The old leg makes me suffer a lot.
  → Ma vieille jambe me fait atrocement souffrir.
  Don't put your feet on the armchair !
  → Ne mettez pas les pieds sur le fauteuil !
  They were all sitting with their hands on their laps.
  → Ils étaient tous assis les mains sur les genoux.

Retenir

Have a headache → Avoir la migraine
Have a temperature → Avoir de la fièvre
Set an example → Montrer l'exemple
Fight a war → Faire la guerre
Be caught in a fog → Être pris dans le brouillard
On a global scale → À l'échelle mondiale.
Play the piano → Jouer du piano
Make a noise → Faire du bruit
Have an appetite → Avoir de l'appétit

d) Exercice

1.1 *Traduisez les phrases suivantes :*

1) 'You're lying. [...] You need the money too badly.'
2) Liberals in the 1960s campaigned for civil rights or against the Vietnam war.
3) 'I don't want to have responsibility and a lot of children to take care of.'
4) After 10 years as a financial analyst, Mr Spade resigned for good.

5) The Soviet Union insisted on the removal of cruise and Pershing II missiles from Europe.
6) Machines that think.
7) [This computer] scans the boss's mail, culls out important letters and highlights significant facts.
8) [About artificial intelligence] Many industrialists believe mastery of <u>the</u> field is a key to national prosperity.
9) America and Japan are locked in a struggle for early domination of the market.
10) 'For God's sake, Ann,' said Hugh, 'Don't make a fuss.'
11) A genuine desire to minimize conflict.
12) Mrs Morris was just leaving for work when we arrived.
13) <u>The</u> century has seen a radical and persistent shift in occupational structure.
14) [Individuals can] find alternative employment when the demand [changes].
15) The window looked over the garden, once <u>a</u> source of pride to her.

II. *Les démonstratifs*

a) Traduire un démonstratif différemment

La partie « Techniques de traduction » montre en détail comment utiliser la transposition et l'étoffement pour éviter de calquer maladroitement une langue sur l'autre. Ces deux techniques sont plus que nécessaires dans le cas des démonstratifs comme l'illustrent les exemples suivants :

Too many people, in <u>this</u> country, think they can get away with drinking and driving.
? ... dans <u>ce</u> pays... *(impropre, à moins que l'orateur ne soit étranger),* il faut transposer :
→ ... dans <u>notre</u> pays...
→ ... en Angleterre (ou France, etc.).
<u>This</u> book analyses the causes of the Hundred-Year War *(en 4e de couverture).*

? Ce livre ... *(trop direct)*, on préférera étoffer le démonstratif :
→ Le présent ouvrage...
(Correspondance) This is to invite you to our son's engagement party.
* Ceci pour vous inviter...
... est évidemment impossible. On n'hésitera pas à étoffer :
→ Je vous envoie cette lettre pour vous inviter aux fiançailles de notre fils.

b) Démonstratifs à valeur temporelle

L'anglais utilise aussi les démonstratifs pour les notions de temps. Les énoncés suivants ne posent pas de problèmes particuliers, il s'agit d'évoquer une époque révolue :

I still remember those years in New York City.
→ Je me rappelle encore ces années à New York.
What exactly did you do on that day ?
→ Qu'avez-vous fait au juste ce jour-là ?

Mais attention à *this/these* qui font référence à un présent non révolu :

This last year started on a Monday.
→ Cette année (= l'année en cours) a commencé un lundi.
You don't meet many gentlemen these days.
→ On ne croise pas beaucoup de 'gentlemen' de nos jours.
By this time Shelby will have arrived at the flat.
→ À l'heure qu'il est, Shelby sera arrivé à l'appartement.

Quand il s'agit d'une durée précise, *these* correspond à la préposition *for* :

Mr. Marlowe has been away these five years.
→ Voilà cinq ans que M. Marlowe est en voyage.

c) Le cas de : *This is*

This is est évidemment une construction très courante en anglais. Il faut donc s'en méfier et éviter toute traduction automatique. Voici quelques exemples à méditer :

(Annoncé par le présentateur à l'antenne) This is ITV...
* C'est ITV *(cette traduction serait bonne dans la bouche d'un téléspectateur venant de zapper).*
→ Ici ITV / Vous êtes sur ITV.
(Présentations polies) This is my brother.
* C'est mon frère.
→ Je vous présente mon frère.
This is what I call pristine water !
? C'est ce que j'appelle une eau limpide ! *(ambigu : l'eau n'est pas forcément devant celui qui parle, alors qu'en anglais elle l'est).*
→ Voilà ce que j'appelle une eau limpide !
You said you left London on Friday afternoon. This is Monday evening.
* C'est lundi soir *(non-sens).*
→ Nous sommes lundi soir.

Il est même préférable, dans certains cas, de s'abstenir de traduire *this is* :

This programme is sponsored by Coca-Cola.
→ (Ø) Émission parrainée par Coca-Cola.

d) *This/These/That/Those* : sentiments et affectivité

Il est courant de commencer par apprendre à distinguer *this/these* de *that/those* en évoquant la distance : *this* pour ce qui est proche, *that* pour ce qui l'est moins.
Un traducteur avisé se souviendra de cette notion :

That girl was incredible !
→ Elle était incroyable cette fille-là !

Mais la distance n'est pas forcément physique, elle peut se placer sur le plan moral :

I don't want to see that friend of yours.
→ Il ne m'intéresse pas, ton ami. *(éloignement rendu par la syntaxe en français)*

On voit ici que *this* et *that* peuvent traduire un sentiment affectif. C'est le cas souvent dans les textes publicitaires :

No more of those headaches.
→ Finies les affreuses migraines.

Il faut comprendre que la traduction littérale (ces migraines) ne rend pas l'appel à un sentiment bien connu de la part du lecteur, de l'auditeur ou du téléspectateur : le sentiment d'impuissance face à un mal auquel le médicament en question est censé remédier miraculeusement. Voilà pourquoi l'étoffement par « affreuses », loin de trahir l'original, en respecte parfaitement l'esprit.

Ceci dit, *that* ne sert pas uniquement à rendre un sentiment péjoratif :

I remember Bath for *that* beautiful light in summer evenings.
→ Ce que je me rappelle de Bath, c'est cette lumière merveilleuse des soirs d'été.

e) *This/That* devant un adjectif ou un adverbe

Cet emploi particulier de *this/that* doit être clairement identifié :

Nobody was this desperate.
→ Personne n'était aux abois à ce point.
The bullet struck the wall that close from his head.
→ La balle toucha le mur à quelques millimètres de sa tête. *(on n'hésitera pas à étoffer largement ce genre de tournure)*

f) *The* est souvent un démonstratif

Pour finir, un rappel : l'article *the* correspond bien souvent à un démonstratif français :

The government is to reform the health system. But the bill won't be ready before Christmas.

→ Le gouvernement a prévu de réformer le système de santé, mais ce projet de loi ne sera pas prêt avant Noël. *(plus précis que l'article « le », puisque le projet a été évoqué dans la phrase précédente).*

g) Exercice

1.2 *Traduisez les phrases suivantes :*

1) 'How old did you think (I was) ?' 'About eighteen.' 'I'm going to start being that.'
2) 'I swear I've seen him before somewhere.' 'Where ?' asked Glodstone. 'I don't know. He just looks like someone I know.' 'I don't mean that,' said Glodstone, 'I mean where is he now ?'
3) I could coach you for this exam, but not for the next one.
4) 'Under this administration our nation is through wringing its hands and apologizing,' said Reagan.
5) He is only a deputy sheriff. And a beginner at that.
6) Japan. The name alone evokes modernity : dials, lights and numbers. The ancient civilisation, with its Shinto priests and fragile poems [...].
7) Forget about that feeling of being left behind.
8) This time try not to forget.
9) Dean has been working hard these past seven years.
10) Frank had a quick temper, but... that voice !

III. Les possessifs

a) Lever l'ambiguïté masculin/féminin

Comme on le sait, les possessifs anglais s'accordent avec le possesseur *(his leg, her leg, its leg)* alors qu'en français c'est le possédé qui déclenche l'accord (sa jambe, son genou). Ceci peut conduire à des fautes d'inattention, mais aussi à des ambiguïtés qu'il faudra lever :

He realised she wanted to use his credit card to buy her car.

? Il comprit qu'elle voulait utiliser sa carte de crédit pour acheter sa voiture.
→ Il comprit qu'elle voulait utiliser sa carte de crédit à lui pour acheter sa propre voiture.

Voici un exemple type de piège redoutable :

Is that his or hers ?
* Est-ce le sien ou la sienne ? *(contresens complet)*
→ Est-ce à lui ou à elle ?

b) Pas de possessif en français

Il existe de nombreux cas où l'anglais utilise le possessif (plus concret) là où le français se contente d'un déterminant plus général (quand la possession est évidente) :

- *Parties du corps*

I've broken both my legs.
* J'ai cassé mes deux jambes.
→ Je me suis cassé les deux jambes.

- *Objets portés sur soi / vêtements*

The young soldier was wading through the mud, his rifle in his hand.
* Le jeune soldat progressait péniblement dans la boue, son fusil dans sa main.
→ Le jeune soldat progressait péniblement dans la boue, le/son fusil à la main.
We can't get out in the cold without our gloves on.
? Nous ne pouvons pas sortir par ce froid sans nos gants.
→ Nous ne pouvons pas sortir par ce froid sans Ø gants.

- *Cas où le possessif est inutile*
Comparer :

He played the piano very skilfully. *(sens général)*
He was playing his piano very skilfully. *(situation particulière)*

Ces deux phrases seront traduites par :

→ Il jouait du piano avec beaucoup d'habileté.

► *Valeur générale*

Your true Conservative will never accept to give up the pound. *(tournure soignée, où* your *est équivalent à l'article indéfini* a*)*

* Votre véritable Conservateur n'acceptera jamais d'abandonner la livre sterling.

→ Un vrai Conservateur n'acceptera jamais d'abandonner la livre sterling.

c) Exercice

1.3 *Traduisez les phrases suivantes :*

1) His marriage, whatever his shortcomings, had been a real living thing.
2) 'Under this administration our nation is through wringing its hands and apologizing,' said President Reagan.
3) Everybody has come with their own opinion about the film.
4) He banged the table again with his fist.
5) Old Laycock [...] did his best, no doubt. But his best was only the best according to his lights, and not according to those of his employer.
6) Laycock's excuses [...] resembled those of captain George in *Three Men in a Boat* [...]. In the captain's case the wind was always wrong [...]. Laycock's was the weather.
7) They strolled in the streets, their heads held high.
8) His friends were well-behaved, hers were an awful lot. *[il s'agit d'un couple marié]*
9) She wanted to forget her loneliness, but Henry, paralyzed by his, increased hers.
10) Don't buy a gun, use Gilly's.

IV. Les pronoms personnels

Tout angliciste sait bien que les pronoms personnels anglais ne recoupent pas exactement les usages du français :

— problème du genre masculin/féminin qui peut piéger un traducteur même averti ;
— problème du neutre *(it)* qu'il faut traduire avec précaution.

Il faut donc lever toute ambiguïté qui risquerait d'apparaître en français.

a) Lever les ambiguïtés

La meilleure façon d'éviter le flou artistique est de dépronominaliser :

> Mr Cooper was a kind man, but Mrs Cooper didn't like the flat so she decided to leave him.
> ? M. Cooper était gentil mais Mme Cooper n'aimait pas l'appartement et décida donc de le quitter.
> → ... et décida donc de quitter son mari.
> At twelve o'clock the bell rang and she fell on the floor.
> ? À midi la sonnerie retentit et elle tomba par terre.
> → ... et la jeune femme s'effondra.

b) Absence de pronom en anglais

Voici une liste d'exemples où l'anglais sous-entend un pronom. Le français, qui préfère lier les éléments de la phrase, aura besoin de ce pronom :

> 'Where are they going ?' 'They did not say.'
> * Ils n'ont pas dit.
> → Ils ne l'ont pas dit.
> As we said during the interview.
> * Comme nous avons dit.

→ Comme nous l'avons dit lors de l'entretien.
'Are we making profit ?' 'Ask the financial director, he is sure to know.'
? ... il doit savoir.
→ Il doit le savoir.

- *Comparatif*
  La plupart du temps, l'anglais sous-entend le pronom après une construction comparative :

  He took more than he needed.
  * Il a pris plus qu'il avait besoin.
  → Il en a pris plus qu'il n'en avait besoin.

Retenir :
verbes pronominaux

La plupart des verbes pronominaux français correspondent à des verbes non pronominaux en anglais.

I'm getting up → je me lève
I'm going → je m'en vais
I'm washing → je me lave
I'm shaving → je me rase
I'm hurrying → je me dépêche
I'm wondering → je me demande
I'm pleased / I rejoice → je me réjouis
I remember → je me (le) rappelle / je m'en souviens
I realise → je me rends compte
I notice → je m'aperçois
I use a hammer → je me sers d'un marteau

Enfin, il est courant de traduire un passif anglais par un verbe pronominal français :

That type of house is sold to young couples.
? Ce style de maison est vendu aux jeunes couples.

→ Ce style de maison se vend aux jeunes couples.
Sandwiches should be eaten in the bar.
* Les sandwiches devraient être consommés dans le bar.
→ Les sandwiches se consomment dans le bar.
You look bored.
* Tu as l'air ennuyé. *(faux-sens qui laisse à penser que le personnage a un souci)*
→ Tu as l'air de t'ennuyer.
When will you get married ?
→ Quand vous marierez-vous ?

c) Le cas du pronom *it*

- *'It' d'anticipation*

Il arrive que l'élément auquel *it* renvoie se trouve placé après lui et non pas avant.

Could you see to it that the room is cleaned ? (it *anticipe sur l'action à venir*)
* Pourriez-vous voir cela afin que la chambre soit faite ?
→ Pourriez-vous faire en sorte (Ø) que la chambre soit faite ?
The detective found it hard to believe that she had lost her purse.
* Le détective eut du mal à le croire qu'on lui avait dérobé son sac.
→ Le détective eut du mal à (Ø) croire qu'on lui avait dérobé son sac.
She thought it wise to come back later.
* Elle le crut bon de revenir plus tard.
→ Elle (Ø) crut bon revenir plus tard.
I find it extraordinary that you should have the nerve to ask for money.
* Je trouve cela merveilleux que vous ayez le culot de demander de l'argent.
→ Je trouve (Ø) merveilleux que vous ayez le culot de demander de l'argent.

▸ *Comparatif + for it*
Il s'agit d'une tournure très idiomatique et difficile à traduire :

You won't be any richer for it. → Vous n'en serez pas plus riche pour autant.

Retenir :
expressions idiomatiques

Dans certaines expressions idiomatiques, *it* est utilisé pour renforcer le sens, mais ne se traduit pas en français :

Beat it ! Hop it ! → Filez !
Come off it ! Cut it out ! → En voilà assez ! Ça va comme ça !
Let's face it ! → Regardons les choses en face !
Watch it ! → Attention !
Take it easy. → Ne vous en faites pas.
You're still at it ! → Vous êtes toujours sur la brèche !
I can't make it → Je n'y arrive pas.
You're for it ! → Ton compte est bon !
You've had it. → Vous êtes fichu.

d) Exercice

1.4. *Traduisez les phrases suivantes :*

1) The young have been more involved in the [budget] cuts than anybody in schools, colleges and universities.
2) I do wish Mrs Thatcher would appear a little more sympathetic. I just feel it's Them and Us.
3) I have to sit on a courtmartial. I don't look forward to it.
4) 'I assumed you'd have all the jewellery. There's no point in sending it out to Sarah.'
5) Instead of looking for trouble he has often tried to avoid it.
6) 'I assume you know about Ann's disappearance ?' Caroline began. 'Of course I do,' said Fern laughing gleefully. 'You

think it's a laughing matter, then,' Caroline asked. 'I do indeed. It's all a big joke.'

7) Spacecraft can help prevent wars and make it easier to telephone Granny.
8) 'You'll let a woman nurse soldiers on the battlefield. Why not watch a boxing match for Heaven's sake ?' 'That,' said the major, sitting bolt upright in his chair, 'has got absolutely nothing to do with it.'
9) Mr Martin used to spend most of his time reading 'stupid books,' as he put it.
10) The Boeing 767 is a superb aircraft, and she's easy to fly.

V. Les accords

En anglais, les conceptions du genre (masculin, féminin, neutre) et du nombre (singulier, pluriel) ne recoupent pas celles du français et vous devrez vous assurer que votre traduction respecte bien les règles de la langue d'arrivée. Voici les cas les plus importants à maîtriser :

a) Mots au pluriel terminés par un *-s*

Retenir

Vêtements

trousers → un pantalon
jeans → un jean
shorts → un short
pyjamas → un pyjama
tights → un collant

Autres

grapes → du raisin
customs → la douane
riches → la richesse
stairs → un escalier
headquarters → un quartier général

b) Mots au pluriel invariables

people → les gens (peoples → les peuples)

▸ *Animaux*

Tout ce qui se chasse et se pêche est invariable. Les moutons aussi...

Comparer :

We ate a lot of fish.
→ Nous avons mangé beaucoup de poissons.
We caught a lot of fishes.
→ Nous avons attrapé beaucoup d'espèces de poissons.
Too many sheep.
→ Trop de moutons.

▸ *Adjectifs substantivés*

The poor → les pauvres
The blind → les aveugles
The Chinese → les Chinois
The French → les Français (a Frenchman → un Français)

c) Mots mixtes terminés par un *-s*

Retenir

a means, several means → un moyen, plusieurs moyens
a series, several series → une série, plusieurs séries
a species, several species → une espèce, plusieurs espèces
a crossroads, several crossroads → un carrefour, plusieurs carrefours
politics is, politics are... → la politique, c'est...

d) Mots au singulier terminés par un *-s*

Retenir :
noms de sciences

---

physics → la physique
economics → l'économie
electronics → l'électronique
mathematics → les mathématiques
news → les nouvelles, les informations

► *Quantités prises « en bloc »*

The £10 million was nowhere to be found.
→ Les 10 millions de livres restèrent introuvables.
We'll need another 500 soldiers.
→ Il nous faudra 500 hommes de plus.

e) Accords au pluriel

► *Les noms de famille*

The Blairs and the Heseltines are expected for dinner.
* Les Blairs et les Heseltines sont attendus pour le dîner.
→ Les Blair et les Heseltine sont attendus pour le dîner.

► *Objets possédés / appartenance*

All the pupils came with their books.
→ Tous les élèves vinrent avec leurs livres. *(plusieurs livres par élève)*
→ Tous les élèves vinrent avec leur livre. *(un livre par élève)*
All the pupils came with their teacher.
→ Tous les élèves vinrent avec leur professeur. *(un professeur pour la classe)*

► *Pronoms indéfinis*
L'anglais accorde ses pronoms indéfinis avec des pronoms personnels ou des possessifs au pluriel, ce qui peut dérouter le traducteur :

Everyone knew <u>their</u> texts.
*Tout le monde savait <u>leur</u> texte.
→ Tout le monde savait <u>son</u> texte.

Retenir :
mots au singulier traduits au pluriel

---

information → des informations
advice → des conseils
knowledge → les connaissances
outlook → des perspectives
evidence → des preuves
furniture → des meubles
toast → des toasts
ammunition → des munitions
lightning → des éclairs
applause → des applaudissements
stock/stocks (us) → des actions
waste → des déchets
hair → des cheveux

► *Les noms en -ing*
Quelques noms en *-ing* ont valeur de nom collectif et ne s'utilisent pas au pluriel :

fighting → des combats
buying → des achats
shopping → des courses
moaning → des gémissements
itching → des démangeaisons

f) Les cas difficiles

Dans bien des cas, il vous faudra comprendre le choix qu'a opéré l'anglais entre singulier et pluriel, et rendre ce choix dans votre traduction :

Labour is cheap in Eastern countries.
→ La main-d'œuvre n'est pas chère dans les pays asiatiques.
Labour is facing determined chief executives.
→ Les ouvriers sont confrontés à une direction résolue.
This is a good class.
→ C'est une bonne classe.
The class was nervous.
→ Les élèves étaient excités.

Ceci est valable pour la plupart de ce que l'on appelle les mots collectifs :

police, team, crew, government, etc.

g) Problèmes de genres

- *Féminins déroutants*
  Les pays et les villes peuvent se féminiser quand le discours devient plus émotionnel :

  England and her numerous provinces.
  → L'Angleterre et ses nombreuses provinces.

  C'est également le cas pour les véhicules, en particulier les navires :

  The Titanic was lost. She sank in the Atlantic.
  → Le Titanic était perdu. Il sombra dans l'Atlantique.

- *Enfants et animaux domestiques*
  La règle est plus souple en anglais, le passage du *it* au *he/she* se faisant au gré de la volonté de l'auteur :

  The baby had lost its teddy bear.
  → Le bébé avait perdu son nounours.

Look at our dog, he's so cute.
→ Regardez notre chien, il est si mignon.

► *Genre non marqué*
Il faut se méfier de ces noms asexués que les grammaires appellent noms « épicènes ». Votre traduction devra tenir compte du contexte, ou alors s'en remettre au genre non marqué français qui est, faut-il le rappeler, le masculin :

This student is tired.
→ Cet étudiant est fatigué.
→ Cette étudiante est fatiguée.

Voici quelques-uns de ces mots pièges :

teacher, friend, pupil, nurse, secretary, assistant, cook, worker, novelist, author, cousin, etc.

Cette règle s'applique évidemment aux nationalités :

An Italian → Un Italien, une Italienne.

h) Exercice

1.5 *Traduisez les phrases suivantes :*

1) Mrs Thatcher left the Conservative conference in Blackpool amid shouts from the party faithful.
2) Some 2,500 staff are to be made redundant during the building of the Chunnel.
3) Spacecraft can deliver men to the moon and count the rings on Saturn.
4) Frau Käthe Blütenweiss planned to interview her prospective client carefully. [...] This girl had sounded all right on the phone though.
5) A good deal of sweeping up of leaves in the autumn.
6) You're talking nonsense !
7) Can you look after the children on Mondays and Fridays ?
8) What is all this shilly-shallying ?
9) Price control will be lifted next month.
10) He studied the life of birds, species after species.

VI. *Les noms composés*

a) Type N1's N2

Le cas possessif anglais a des emplois qui s'étendent bien au-delà de la simple possession. Le traducteur se méfiera des ambiguïtés inhérentes à cette forme grammaticale. En voici un exemple :

A colonel's uniform
→ un uniforme de colonel
→ l'uniforme d'un colonel

C'est évidemment le contexte qui indiquera si l'on a affaire à un cas particulier ou à un cas général. Pour les objets, la situation est plus simple. Comparez :

a car engine → un moteur de voiture
the car's engine → le moteur de la voiture
a Sunday paper → un journal dominical
Sunday's paper → le journal de dimanche (dernier ou prochain)
a women's magazine → un magazine féminin
a woman's magazine → le magazine appartenant à une femme

b) Type N1 N2

Il faut toujours se rappeler que N2 est le mot principal et que N1 ne sert qu'à le déterminer. Ainsi :

purchasing <u>power</u> → le <u>pouvoir</u> d'achat
a trade <u>fair</u> → une <u>foire</u> commerciale
a horse-<u>race</u> → une <u>course</u> de chevaux / hippique
a race-<u>horse</u> → un <u>cheval</u> de course

Il est souvent possible de traduire un nom composé par un seul mot en français, ce qui peut alléger le style :

a tea pot → une théière
organised labour → les syndicats
a shop-window → une vitrine

L'anglais courant, notamment dans les dialogues, abrège souvent les noms composés en ne citant que N2. Il faut bien sûr reconstruire le sens original du mot en français :

> the man at the wheel (= steering-wheel) → l'homme au volant
> a look in the mirror (= rear-view mirror) → un coup d'œil dans le rétro

c) Exercice

1.6 *Traduisez les phrases suivantes :*

1) According to Government statistics, husband-and-wife wage earners make up 56 % of American marriages.
2) Abortion is a life-and-death issue [...].
3) It was always obvious that [...] US-Soviet arms control negociations would remain deadlocked.
4) After many months of refusal to come to terms with the NATO deployments...
5) A heart-of-England Tory stronghold.
6) *(Une des caractéristiques de la société japonaise)* Cooperative free enterprise.
7) Without an upgrading of labour, these productivity-raising changes could scarcely have been adopted.
8) The British [...] worry that rabid animals will [...] walk through the Chunnel to rabid-free England.
9) All the police found was a children's book and a woman's address book.
10) Giving me the idea to buy a sound detector was sound advice.

2

Adjectifs et adverbes

I. Traduction par des noms

L'anglais possède plus d'adjectifs et d'adverbes que le français, ce qui peut poser des problèmes de traduction. Il faudra souvent s'écarter d'une traduction littérale pour rendre la même idée en français. Voici les cas les plus courants de fautes possibles :

a) Adjectifs de « caractérisation »

Il s'agit d'adjectifs renseignant sur la nature propre du nom qui les suit. Il faudra éviter les ambiguïtés en français en faisant attention au contexte :

> An English teacher → Un professeur anglais / Un professeur d'anglais
> The French Ambassador ? L'ambassadeur français → L'ambassadeur de France. *(plus plausible)*
> A criminal lawyer ? Un avocat criminel → Un avocat d'assises

b) Adjectifs attributs

Il est souvent pratique de traduire un adjectif attribut par un groupe nominal :

> The new assistant has been very helpful.
> → Le nouvel assistant nous a été d'un grand secours.

Certains adjectifs utilisés après *be* se traduisent presque exclusivement par *have* + nom :

To be hungry → avoir faim (même chose pour *thirsty, hot, cold, right, wrong, lucky,* etc.).

c) Adjectifs épithètes

Southern America → Le sud de l'Amérique. (South America → L'Amérique du Sud).
The early 50s → Le début des années cinquante.
A soaring unemployment rate → Une forte poussée du chômage.

d) Adverbes en *-ly*

La souplesse de l'anglais lui permet de transformer ses adjectifs en adverbes grâce au suffixe *-ly.* En français, il est plus lourd, voire impossible, de traduire par un adverbe en « -ment » :

angrily → avec colère
effortlessly → sans effort
gladly → avec joie
repeatedly → à plusieurs reprises
The President has reportedly resigned → On dit que le président a démissionné / Le président aurait démissionné

Dans ce dernier exemple, on notera la traduction de l'adverbe anglais par un temps de la conjugaison française, le fameux conditionnel « journalistique » que l'on se gardera bien d'utiliser en anglais (lors d'un thème par exemple).

e) Adjectifs en *-some*

Ces adjectifs peuvent poser un problème de traduction, aussi faut-il bien les connaître :

tiresome → fatigant
foursome → groupe de 4 personnes
irksome → ennuyeux, ingrat
handsome → beau *(pour une personne)*

f) Exercice

2.1 *Traduisez les adjectifs et les adverbes soulignés par des noms ou des groupes nominaux :*

1) Official aid was refused to the refugees.
2) I have a sore throat.
3) She has just arrived.
4) Could you possibly mow the lawn on Thursday ?
5) They all spoke well of this young author.
6) Trees were blossoming in the early spring.
7) Corporate America.
8) What's the selling price ?
9) A few warning shots were heard.
10) He is steadily improving.

II. La comparaison

a) La comparaison implicite

L'une des différences majeures entre le français et l'anglais est le réalisme de ce dernier qui s'oppose souvent à l'approche plus conceptuelle du premier. Ainsi le français va-t-il catégoriser de façon absolue les personnes ou les choses, alors que l'anglais essaiera de coller à la réalité. C'est pourquoi une comparaison peut rester implicite en français, même si elle avait été explicitée en anglais :

> the upper class → la classe supérieure, dominante / la haute société
> the lower part of the ship → le bas du navire
> the weaker sex → le sexe faible (l'anglais dit aussi 'the fair sex' → le beau sexe)

On fera attention à ce point dans le domaine de la publicité où les Anglo-Saxons ont le réflexe de comparer systématiquement, alors que cette approche est moins naturelle chez les Français :

more news all day → toutes les infos en continu
a cheaper and better way to drive → une voiture excellente et économique

b) Comparatif à sens de superlatif

Le comparatif anglais s'emploie au sens d'un superlatif quand il concerne deux éléments :

the elder → l'aîné *(par opposition au cadet)*
the richer ones → les plus riches *(par rapport aux plus pauvres)*
major repairs → travaux importants
the earlier paintings → les premiers tableaux *(par opposition aux derniers)*

c) Cas de *most* et *best*

Most peut être employé comme adverbe pour modifier un adjectif en anglais ; il a alors le sens de *very*. Il faut distinguer ce cas de *the most*, simple superlatif.

This is most kind of you.
* Vous êtes le plus aimable.
→ C'est très aimable à vous.

Pour *best*, il faudra trouver une expression équivalente :

This fur makes your dress look best.
→ Cette fourrure met ta robe en valeur.

d) Exercice

2.2 *Traduisez les phrases suivantes en faisant attention aux formes comparatives :*

1) All <u>major</u> roads have been cleared.
2) The <u>upper</u> classes should set an example.
3) The <u>earlier</u> public means of transportation appeared in cities.
4) We're getting onto a <u>major</u> road.

5) Greater London is divided into boroughs.
6) This is the easier way to be invited.
7) Her speech was most irrelevant.
8) Speaking in public is was I like best.
9) The older part of the castle is the west wing.
10) A larger house would only make things worse.

III. Adjectifs composés

a) Traduction des adjectifs composés

Une fois de plus, il nous faut remarquer la grande souplesse de l'anglais qui se permet de composer des mots à peu près comme il veut. Face à ces structures, le français ne peut lutter. Il faut chercher l'expression, voire le simple mot, qui « colle » le mieux au sens de l'adjectif anglais. Il s'agit donc pour le traducteur de posséder un vocabulaire français étendu et précis :

to be home-sick → avoir le mal du pays.
to be over-confident → être trop confiant / sûr de soi.
it was pitch-dark (pitch = poix) → il faisait nuit noire.
a hair-raising story → une histoire effroyable.
an easy-going husband → un mari accommodant.
far-fetched → tiré par les cheveux / abracadabrant.
short-sighted → myope.

b) Exercice

2.3 *Traduisez les expressions suivantes :*

1) Close-knit production
2) School-leaving age
3) See-through package
4) To be sea-sick
5) To be under-estimated
6) To be under-age
7) A left-handed boy

8) Diamond-shaped eyes
9) A would-be writer
10) A well-read man
11) Black-shirted men
12) A multi-storey car park
13) A four-letter word
14) A wait-and-see policy
15) A happy-go-lucky sort of chap
16) A down-to-earth approach
17) A hand-to-mouth kind of life
18) To feel downhearted
19) To be long-sighted
20) His remark was quite matter-of-fact

3

Verbes

I. Aspects

Le même verbe anglais peut prendre plusieurs aspects, c'est-à-dire que l'action qu'il décrit peut varier selon le point de vue que l'on adopte. Une bonne traduction doit tenir compte de cette notion d'aspect.

a) Aspect duratif

L'action est prise dans sa continuité, sans début ni fin. Comparez :

He has been hurt → Il a été blessé. *(aspect ponctuel de l'action)*
I've cut my finger and it hurts → Je me suis coupé le doigt et ça fait mal. *(aspect duratif)*

b) Aspect ponctuel

L'action est instantanée. Elle est prise à son début, ou à sa fin. Comparez :

The old scientist knows everything → Le vieux savant sait tout. *(aspect duratif)*
If he reads your letter, he'll know everything → S'il lit ta lettre il va tout apprendre. *(aspect ponctuel)*

► *Turn/get/become + adjectif*
Les verbes combinés formés de *turn/get/become* + adjectif ont toujours un aspect ponctuel :

to turn white → blanchir, pâlir

► *Verbes + up/out*
Ces deux particules donnent souvent un aspect ponctuel au verbe, indiquant la fin de l'action :

to sell → vendre ; to sell out → vendre tout ; sold out → complet. *(pour un spectacle)*
He tore his shirt → Il a déchiré sa chemise ; He tore out the page → Il arracha la page.

► *be + being*
La conjugaison du verbe *be* à la forme continue permet d'insister sur le fait que l'action se produit sur le moment et non de façon permanente :

Your brother is impossible.
→ Tu as un frère insupportable *(tout le temps)*
Your brother is being impossible.
→ Ton frère est insupportable *(en ce moment)*

c) Aspect graduel

L'action est considérée comme progressive :

to rub out → effacer *(ponctuel)* ; to rub away → estomper *(graduel)*
to grow old → vieillir, prendre de l'âge

d) Aspect statique ou mouvement

Les verbes de position corporelle peuvent prendre un aspect statique, ou décrire un mouvement :

Retenir

to sit → être assis
to sit down/up → s'asseoir (de la position debout ou couchée)
to kneel → être agenouillé
to kneel down → s'agenouiller
to stand → être debout, se tenir
to stand up → se mettre debout, se relever
The tower rises to 100 m → La tour s'élève à 100 m
The sun rises → Le soleil se lève

e) Aspect d'intensité

Certains verbes anglais peuvent paraître synonymes mais varient dans leur façon de rendre l'intensité de l'action décrite. Le bon traducteur doit respecter ces nuances :

to spread → s'étendre ; to sprawl → s'étendre largement, s'étaler
to hurry → se presser ; to dash → foncer

f) Exercice

3.1 *Traduisez les phrases suivantes en tenant compte de l'aspect des verbes :*

1) 'I don't like this soup.' 'Eat it up !'
2) My memories are fading away.
3) Your sister is being silly again.
4) Lady Bracknell sat in a large armchair.
5) Sit up and take your medicine.
6) The rabbit darted into the bush.
7) Your father is growing tired of your behaviour.
8) I have come to tell you that my boss has resigned.
9) Hugh writes books. He writes one every year.
10) It's the first time that I have met a singer.

II. *Les temps*

a) Le *past*

Le temps que l'on appelle *past* ou prétérit est trompeur. Il faut retenir qu'il décrit une action sans rapport direct avec le présent, soit parce qu'elle appartient au passé (et est donc coupée du moment où l'on en parle), soit parce qu'elle appartient au domaine du souhait, du regret, de l'hypothèse ou du rêve.

▸ *« Past » traduit par le passé simple*
Il s'agit d'actions ponctuelles, ou d'actions qui se succèdent dans un récit.

He slammed the door and dashed outside.
→ Il claqua la porte et sortit à toute vitesse.

▸ *« Past » traduit par l'imparfait*
Il s'agit de verbes plus descriptifs, décrivant des états ou des actions prises « en cours » :

She sat on a stool while her boyfriend stood by the door.
→ Elle était assise sur un tabouret tandis que son petit ami se tenait debout près de la porte.
There lay the victims → Là-bas gisaient les victimes.

Ce temps est également employé dans les subordonnées de condition :

If I was a little bit richer → Si j'étais un peu plus riche.

▸ *« Past » traduit par le plus-que-parfait*
L'anglais étant plus flottant sur ce point, il s'autorise quelques imprécisions que le traducteur français corrigera :

'I went to her house and she wasn't there' 'I told you.'
→ – Je suis allé chez elle et elle n'y était pas. – Je te l'avais dit.

▸ *« Past » traduit par un autre temps*
Il s'agit surtout de tournures correspondant à notre subjonctif (temps de l'irréel), mais qui peuvent aussi se traduire par un conditionnel :

I wish you told me → Je regrette que tu ne me le dises pas.
I would rather you came tomorrow → Je préférerais que tu viennes demain.
He knew he would ask her to marry him when he felt ready → Il savait qu'il lui demanderait de l'épouser quand il se sentirait prêt.

b) Le *present perfect*

Ce temps est peut-être le plus difficile à appréhender, car il se situe à cheval entre le passé et le présent.

► *« Present perfect » traduit par un passé composé*
C'est le cas des actions passées.

I have ordered a new computer.
→ J'ai commandé un nouvel ordinateur.

► *« Present perfect » traduit par un présent*
Piège classique, c'est le cas des actions qui ne peuvent se rendre qu'au présent en français. Il faut comprendre que l'anglais, dans ce cas, envisage l'action non pas comme une évocation d'un fait passé (même s'il s'agit bien d'une action passée), mais comme un état présent, un « résultat » dont on soulignera les conséquences :

I have come to tell you that the house is sold.
→ Je suis venu vous dire que la maison est vendue. *(traduction acceptable mais qui ne rend pas l'aspect présent de la nouvelle)*
→ Je viens vous dire que la maison est vendue. *(mieux)*
It's the first time I've seen such an accident.
* C'est la première fois que j'ai vu un tel accident. *(faute de temps en français)*
→ C'est la première fois que je vois un tel accident.
I've been living in the area for the past ten years.
* J'ai habité dans le coin pendant dix ans. *(indique que l'on n'y habite plus)*
→ J'habite dans le coin depuis dix ans.

c) Le *past perfect*

- *Le « past perfect » traduit par le plus-que-parfait*
De traduction aisée. Il s'agit d'une action antérieure à une autre action au passé, la seconde servant de référence temporelle dans le récit :

  She bought the car she had spotted in the window.
  → Elle a acheté / acheta la voiture qu'elle avait repérée dans la vitrine.

- *Le « past perfect » traduit par un autre temps*
À rapprocher du 'past' irréel (voir plus haut chap. 3.II.a) :

  I wish I had been there.
  → J'aurais aimé être là. / Je regrette de ne pas avoir été là.
  I would rather you had told me.
  → J'aurais préféré que tu me le dises.
  It was the first time he had tried to read philosophy.
  → C'était la première fois qu'il tentait de lire de la philosophie. (voir aussi chap. 3.II.b)
  He would call her back when he had solved the problem.
  → Il la rappellerait quand il aurait résolu le problème.

d) Le futur

Point délicat, le futur en tant que temps grammatical n'existe pas en anglais (dans *I will survive*, *will* est un modal conjugué au présent). Le futur est donc rendu par de multiples formes, dont il faut bien traduire les nuances :

- *Will*

  I hope he will be a writer.
  → J'espère qu'il deviendra/sera écrivain. (Attention, 'will' peut aussi avoir une valeur forte, voir plus bas chap. 3.VII.g.)

- *Going to*

  Évoquant la décision prise par le sujet, ce futur n'est pas forcément proche dans le temps :

  I'm going to speak to your parents.
  → J'ai décidé de parler à vos parents.

- *May/might*

  Futur dont la probabilité de se produire est incertaine. Les deux formes peuvent se traduire par « peut-être » :

  He may accept to invite you.
  → Il acceptera peut-être de t'inviter. / Il est possible qu'il accepte de t'inviter.
  She might say yes.
  → Il se pourrait qu'elle accepte. / Peut-être acceptera-t-elle.

  Note : si l'on doit rendre la différence entre *may* et *might* on traduira le premier par « il se peut que » et le second par « il se pourrait que ».

- *Présent simple*

  Il s'agit d'une action programmée de façon assez stricte :

  Lessons start at 5 and should be finished by 7:30.
  → Les cours commenceront/commencent à cinq heures et doivent se terminer pour sept heures et demie.

- *Présent en be + ing*

  Futur dont la probabilité de se réaliser est certaine, et dont il faut traduire l'aspect définitif :

  I will go to the meeting but I am not delivering any speech.
  → J'irai à la réunion mais il n'est pas question que je prononce le moindre discours.

- *About to*

  Voici le véritable futur immédiat :

  The group was about to enter the club.
  → Le groupe était sur le point d'entrer dans le club.

► *Cas particulier : les subordonnées de temps*
Dans les subordonnées de temps anglaises le futur est rendu par le présent ou le *present perfect,* il faut donc penser à bien le transcrire en français :

The teacher will come in when the pupils <u>are</u> ready.
* Le professeur entrera quand les élèves <u>sont</u> prêts.
→ Le professeur entrera quand les élèves <u>seront</u> prêts.
The teacher will come in when the pupils <u>have cleaned</u> the classroom.
* Le professeur entrera quand les élèves <u>ont nettoyé</u> la classe.
→ Le professeur entrera quand les élèves <u>auront nettoyé</u> la classe.

► *« Will » traduit par un présent*
Dans certains cas, des actions perçues comme futures en anglais correspondent à des vérités générales en français. On retrouve ici l'opposition entre l'aspect réaliste de l'anglais et l'aspect catégoriel du français :

The management <u>will not be responsible</u> for any damage.
→ La direction <u>n'est pas responsable</u> des dégâts.

e) Exercice

3.2 *Traduisez les phrases suivantes en tenant compte des valeurs de chaque temps :*

1) Since 1977, pubs <u>have been allowed</u> wide freedom in their opening hours.
2) People expected the US to make progress in solving its economic problems. In some respects, it <u>did</u>.
3) The police <u>have been trying</u> to change their approach for several years.
4) She <u>flew</u> to a part of the world were cities <u>didn't sprawl</u> in all directions.
5) She decided to accept the job, but I would rather she <u>had not</u>.
6) He told me that the bull <u>refused</u> to budge until Enrique <u>had taken</u> his sword.
7) I'<u>m going to call</u> the cops, I really <u>am</u>.

8) Don't open my mail, you might have a surprise.
9) My son is not applying to that college, find another one !
10) A hungry dog will always bite.

III. *La forme V* + ing

Cette forme correspond souvent à des nuances que le français ne possède pas. Dans tous les cas de figure, les verbes en *-ing* doivent être soigneusement analysés afin de vérifier s'il est possible de traduire la nuance correspondante.

a) Traduire la forme V + *ing*

▸ *Sens présent*

Il faut évidemment éviter de traduire systématiquement le présent en *be* + *ing* par la formule un peu facile « être en train de ». Dans les cas où l'action décrite est bien en cours de déroulement, le contexte suffit souvent :

Don't shout, Daddy is working
→ Ne criez pas, Papa travaille.
Look, the bear is trying to catch the food.
→ Regarde, l'ours essaie d'attraper la nourriture.
I'm working on a new film.
→ Je travaille actuellement sur un nouveau long métrage.

▸ *Sens futur*

I'm not allowing these people in my garden.
? Je ne permets pas à ces gens d'entrer dans mon jardin. *(trop général)*
→ Il n'est pas question que je permette à ces gens d'entrer dans mon jardin.

▸ *Sens passé*

Au passé, il faut bien distinguer la forme simple de la forme *-ing* :

When Alice first saw the cat, he was sleeping.
→ Quand Alice vit le chat pour la première fois, celui-ci était endormi.

► *Cas particuliers*
La forme *-ing* est souvent utilisée dans les combinaisons de deux verbes. Il faut bien comprendre la différence entre V + V*ing* et V + V infinitif :

We'll stop to buy flowers then.
→ Eh bien nous nous arrêterons pour acheter des fleurs.
We'll stop buying flowers then.
→ Eh bien nous arrêterons d'acheter des fleurs.
You should try to start the engine.
→ Vous devriez essayer de démarrer le moteur. *(but à atteindre)*
You should try using a different key.
? Vous devriez essayer d'utiliser une autre clef. *(peu clair)*
→ Vous devriez essayer en utilisant / avec une autre clef. *(moyen d'atteindre le but)*
I saw him crossing the street.
→ Je l'ai vu en train de traverser la route. *(action prise en cours)*
I saw him cross the street
→ Je l'ai vu traverser la route. *(action complète)*

b) Exercice

3.3 *Traduisez les formes en* -ing *suivantes :*

1) You're getting warmer !
2) When Harry entered the bar, everyone was waiting for something to happen.
3) She has changed a lot and is now taking a different look on life.
4) I'll be visiting you very soon.
5) She was crying so loudly the neighbours could hear her.
6) I'm not paying for your boyfriend this evening !
7) She could feel the pain going away.
8) She felt the pain go away.
9) Try pushing from the other side.
10) Robert should stop working to see a doctor.

IV. Voix pronominale

a) Ajouter la voix pronominale en français

Cette voix est peu courante en anglais, ce qui signifie qu'il faut penser à rendre pronominaux des verbes qui ne l'étaient pas dans le texte de départ. Comparez les exemples suivants :

He killed himself.
→ Il s'est tué. *(lui-même)* / Il s'est donné la mort.
He got killed.
? Il s'est tué. *(il faudrait préciser : en voiture, en avion, etc.)*
→ Il a trouvé la mort.
Why don't they call each other ?
→ Pourquoi ne s'appellent-ils pas ?
Oxford and Cambridge fought for years over the title.
? Oxford et Cambridge ont combattu pendant des années pour le titre.
→ Oxford et Cambridge se sont battus pendant des années pour le titre.
Salmon is mainly fished in Scotland.
* Le saumon est pêché surtout en Écosse.
→ Le saumon se pêche surtout en Écosse.
Don't poke your fingers in your nose, it isn't done !
* Ce n'est pas fait :
→ Ne met pas les doigts dans ton nez, ça ne se fait pas !
French singers don't sell very well over here.
* Les chanteurs français ne vendent pas très bien ici.
→ Les chanteurs français ne se vendent pas très bien ici.

b) Exercice

3.4 *Traduisez les verbes soulignés par des formes pronominales françaises :*

1) The coin has got stuck in the machine.
2) Getting drunk won't take you anywhere.

3) Tomatoes <u>are grown</u> in warm climates.
4) I <u>wonder</u> if they'll like it.
5) Why don't you <u>have</u> this tooth <u>removed</u> ?
6) They <u>shouted</u> at each other.
7) Our latest model <u>can be placed</u> anywhere in the house.
8) Wait until the bathtub has finished <u>emptying</u>.
9) Everything was a problem : <u>washing</u> in the morning, <u>brushing</u> his teeth in the evening, even <u>turning over</u> in his bed.
10) A Ferrari <u>should be driven</u> with precision.

V. *Traductions de* be

a) Traductions par « avoir »

Retenir

to be lucky → avoir de la chance
to be 25 → avoir 25 ans
to be hungry/thirsty → avoir faim/soif
to be right/wrong → avoir raison/tort
to be thoughtful → avoir l'air songeur
<u>It's</u> three miles to the town centre → <u>Il y a</u> cinq kilomètres d'ici au centre-ville
This house <u>is</u> 5 metres high → Cette maison <u>a</u> cinq mètres de haut

b) *Be* + adjectif

L'adjectif attribut peut facilement donner le verbe français :

The sun <u>was bright</u>.
* Le soleil était brillant.
→ Le soleil <u>brillait</u>.
The guests <u>were talkative</u>.
* Les invités étaient bavards.
→ Les invités <u>bavardaient</u>.

c) Autres traductions

I was at Eton for 8 years.
* J'étais à Eton pour 8 ans.
→ Je suis resté à Eton pendant 8 ans.
She is being silly.
* Elle est en train d'être idiote.
→ Elle fait l'idiote.
Coke is good for you.
* Coca est bon pour vous.
→ Coca vous fait du bien.

d) There is / There are

Cette forme très courante ne doit pas être automatiquement traduite par « il y a » :

There is no need to shout.
→ Il n'y a pas besoin de crier.
→ Il est inutile de crier.
There was no movement in the class.
* Il n'y avait pas de mouvement dans la classe.
→ La classe ne bougeait pas.
There are times when a man needs to slow down.
? Il y a des moments où un homme a besoin de lever le pied.
→ Il arrive qu'un homme ait besoin de lever le pied.

Au passé, on distinguera l'imparfait du passé simple :

There were flowers all about the room.
→ Il y avait des fleurs dans toute la pièce.
There was a sudden noise.
* Il y avait un bruit soudain.
→ Il y eut un bruit soudain.

e) Exercice

3.5 *Traduisez le verbe 'be' dans les phrases suivantes :*

1) Don't be a fool !
2) I was in prison about a week.
3) I don't know how experienced he is.
4) Most things that are expensive have an appealing power.
5) Gosh ! You are a quick learner !
6) There was another five hours to wait.
7) The stars were twinkling like diamonds.
8) There were gunshots, and then silence.
9) The reason why I am so worried is that you will fail your exam.
10) The village is only one hundred years old.

VI. Verbes à particules

Ces verbes sont composés de deux éléments : une racine (ex. : *give*) et une particule adverbiale (ex. : *up*), l'ensemble ayant un sens particulier (*give up* → abandonner). Il ne doivent pas être confondus avec les verbes dont le complément est introduit par une préposition, ex. : *walk around the house*. Il est important de bien traduire le nouveau sens donné par la particule. Ainsi :

to eat → manger ; to eat up → dévorer

Bien qu'il soit nécessaire d'apprendre ces verbes comme l'on apprend des mots de vocabulaire, il est possible de faire des regroupements par particule afin d'en connaître les principales nuances :

a) About/around

mouvement sans but précis : to run about / around → courir dans tous les sens ; to hang about → être désœuvré

volte-face : to turn about → faire volte-face / se retourner
entraîner une action : to bring about → entraîner, avoir pour conséquence

b) Away

éloignement physique : to clear away → ranger, to run away → s'enfuir
éloignement intellectuel : to shy away from doing something → ne pas faire quelque chose par timidité
continuation : to work away → poursuivre son travail, to talk away → ne pas cesser de parler

c) Back

retour/recul : to come back → revenir, to answer back → répliquer, to stand back → reculer (devant un danger)
rétention : to hold back → retenir (ses larmes)

d) By

passage, évitement : to pass by → passer à côté de quelque chose, to get by → s'en sortir
préparation : to stand by → se tenir prêt

e) Down

mouvement vers le bas : to come down → descendre
diminution : to cool down → refroidir
destruction : to burn down → détruire par le feu, brûler
fin d'une action, échec : to break down → se séparer, rompre, craquer (nerveusement)
écriture : to write down → noter
début d'un travail, d'une activité : to get down to work → se mettre au travail

f) In

mouvement vers l'intérieur : to come in → entrer
casser, céder à la pression : to give in → céder
enfermement : to lock in → enfermer (à clef), to rein in → contenir

g) Off

séparation : to get off (the bus) → descendre (de l'autobus), to take off → décoller
rejet : to put off → remettre (à plus tard), dissuader
démarrage : to spark off → déclencher
fin : to call off → annuler
diminution : to cool off → se calmer

h) On

tenir, s'attacher : to hang on → tenir, s'accrocher
continuation : to carry on → poursuivre (une action)
progrès : to move on → avancer
démarrage : to switch on → allumer (avec un interrupteur)

i) Out

mouvement vers l'extérieur : to come out → sortir, to rule out → écarter (une hypothèse)
apparition : to stick out → être visible, dépasser
production/création : to turn out → produire (massivement)
augmentation : to spread out → s'étendre (au-delà de limites)
complet/approfondi : to dry out → sécher (complètement), s'assécher

j) Up

mouvement vers le haut : to jump up → se redresser d'un bond
augmentation/amélioration : to speak up → parler plus fort, to smarten up → s'enjoliver, to warm up → se réchauffer
démarrage : to open up → ouvrir ses portes (pour un magasin)
approche : to catch up (with something) → rattraper
fin/action complète : to hang up → raccrocher (au téléphone), to use up → utiliser entièrement
apparition/création : to come up → survenir
regroupement/ralliement : to sign up → s'inscrire
apparition de quelque chose de caché : to own up → avouer, to throw up → vomir
séparation : to break up → se séparer, rompre

k) Exercice

3.6 *Traduisez les verbes en fonction de leurs particules adverbiales :*

1) Keep away from my daughter !
2) His plans didn't pay off.
3) I'll see you off at the station.
4) Can you put me up for the night ?
5) I can't believe it was all made up.
6) I can't make her come round.
7) The governement is trying to play the case down.
8) Don't worry, I'll get by.
9) They didn't get on very well.
10) Hold on !

VII. *Les verbes modaux*

La modalité est le sentiment subjectif que celui qui parle fait passer sur ce qu'il dit. Les verbes appelés « verbes modaux » sont donc chargés d'une signification supplémentaire qui doit être traduite vers le français. Voici un rappel de ces verbes, accompagné des différentes nuances qu'ils peuvent rendre :

a) Can/could

► *Capacité physique ou intellectuelle*
Selon le verbe qui suit on traduira *can* par « pouvoir » ou « savoir » :

He can eat more than you think.
→ Il peut / Il est capable de manger plus que vous ne l'imaginez.
Can you speak Spanish ?
→ Savez-vous parler l'espagnol ?
I could not tell where I was.
→ J'étais incapable de dire où je me trouvais.
Whether he's Catholic or Protestant, I can't tell.
→ Je ne saurais dire s'il est catholique ou protestant.

► *Probabilité neutre*
Can exprime le fait qu'une action est possible, sans aller jusqu'à dire qu'elle est probable :

He can be mean sometimes.
→ Il peut parfois être mesquin.
→ Il lui arrive d'être mesquin. *(mieux)*

► *Probabilité forte*
Can't est très différent. Il indique que l'action a de fortes chances de ne pas se passer, ou de ne pas être vraie :

She can't be your wife, she's 40 years younger than you !
→ Il est impossible qu'elle soit votre femme, elle a 40 ans de moins que vous !

b) Must

- *Obligation/interdiction*
  Quand il marque l'obligation ou l'interdiction, *must* se traduit par « devoir », « il faut que », « être obligé » :

  You must do as I said, it's important.
  → Tu dois faire comme j'ai dit, c'est important.
  People mustn't think we know each other.
  → Il ne faut pas que les gens pensent que nous nous connaissons.
  'Please answer this letter' 'Must I ?'
  → – Répondez à cette lettre, je vous en prie – J'y suis obligé ?

- *Probabilité forte*
  Quand il marque la probabilité, *must* se traduit par « devoir », « il est probable que », « forcément » :

  It must be hot here in summer.
  → Il doit faire chaud ici l'été.
  But she must have seen the driver, she was sitting next to him.
  → Mais elle a forcément vu le chauffeur, elle était assise à ses côtés.

c) May/might

- *Permission*
  May étant plus soutenu que *can,* il faudra rendre cette nuance dans la traduction :

  Can I come in ? Je peux entrer ?
  May I come in ? → Puis-je entrer ?

- *Probabilité neutre ou faible*
  Dans la plupart des cas, *may* et *might* peuvent aisément se traduire par l'adverbe français « peut-être ». Si l'on souhaite marquer la différence de nuance entre les deux, on optera pour « il se peut » et « il se pourrait » :

  The Prime minister may be tempted to agree.
  → Le Premier ministre est peut-être tenté de donner son accord.

She might say yes, who knows ?
→ Peut-être acceptera-t-elle, qui sait ?
It doesn't look like it but we might have some sunshine tomorrow.
→ Ça n'en a pas l'air, mais il se pourrait qu'il fasse soleil demain.

Notez que quand l'événement annoncé est négatif, on aura intérêt à traduire *may* par « risquer » :

We may have to take unpleasant measures.
→ Nous risquons d'avoir à prendre des mesures désagréables.

d) Need

Ce verbe est un semi-modal. La seule difficulté qu'il présente est sa traduction au passé. Comparez :

He didn't need to buy flowers → Il n'a pas eu besoin d'acheter des fleurs. *(et donc n'en a pas acheté)*
He needn't have bought flowers → Il n'était pas nécessaire qu'il achète des fleurs. *(mais il en a acheté quand même)*

e) Shall

Shall a quasiment disparu de l'anglais en tant qu'auxiliaire du futur. Aussi faut-il le traduire avec soin quand on le rencontre, car il a gardé un sens fort :

Shall I tell the cook to prepare the lunch ?
→ Dois-je dire au cuisinier de préparer le déjeuner ?
You shall not kill.
→ Tu ne tueras point. *(dans ce cas, l'aspect solennel de* shall *est rendu par le style soutenu en français « point »)*

f) Should

- *Conseil*

  You should see a doctor. → Tu devrais voir un médecin.

- *Emplois grammaticaux*
  Should s'emploie dans quelques tournures correspondant à des subjonctifs en français :

  If I should die.
  → Si je devais mourir / Si je venais à disparaître.
  Destroy the evidence, lest the police should learn about it.
  → Détruisez les preuves, de peur que la police ne vienne à l'apprendre.

g) Will/would

Quand ils servent à former le futur ou le conditionnel, ces deux auxiliaires ne posent pas de problème de traduction. Mais il faut connaître leurs sens forts :

- *Forme fréquentative*
  Dans ce cas, l'auxiliaire marque le fait que l'action se produit de façon assez habituelle, ou assez attendue :

  A hungry dog will bite.
  → Un chien affamé mord toujours.
  I remember the room, there would be bottles on the tables.
  → Je me souviens de la pièce, il y avait toujours des bouteilles sur les tables.

  Cette forme peut poser des problèmes quand elle apparaît dans des réponses courtes, ou *tags* :

  'She refused.' 'She would.'
  → – Elle a refusé – Cela ne m'étonne pas / C'est bien elle / Je la reconnais bien là.

- *Volonté*

  The customer won't touch his meat.
  → Le client refuse de toucher à sa viande.

The prisoner wouldn't own up.
→ Le prisonnier refusait d'avouer.
I'm willing to help.
→ Je vous aiderais bien volontiers.

h) Exercice

3.7 *Traduisez les verbes modaux soulignés :*

1) Students should report before entering.
2) Drinks may not be brought inside the library.
3) 'How is business ?' 'Not too bad, I can't complain.'
4) Try to phone again. He must be in.
5) Shall I open another bottle ?
6) English rain can be very romantic.
7) You needn't have said that.
8) It is extremely important that you should understand all the details.
9) 'The Prime minister listened carefully, but refused to change his mind.' 'I thought he would.'
10) I told them to go the other way, but they wouldn't listen.

VIII. Les tags

Une traduction juste des *tags*, ou réponses courtes, est le signe d'une grande maîtrise des deux langues employées :

a) Traduits par « oui » ou « non »

'I thought you locked the door.' 'I didn't.'
→ – Je pensais que tu avais fermé la porte à clef. – Eh bien non.
'Did you lock the door ?' 'I did.' → – As-tu fermé la porte à clef ? – Oui.

b) Traduits par « n'est-ce pas »

Il s'agit des *tags* placés en fin de phrase :

'You don't want to apply, do you ?' → – Tu ne veux pas t'inscrire, n'est-ce pas ?

Penser à varier la traduction de ces *tags,* car ils ne correspondent pas tous à « n'est-ce pas ? » :

You will remember, won't you ? → Tu t'en souviendras, hein ?
You could give way, couldn't you ? → Vous pouviez céder la priorité, non ?
You don't think John will accept, do you ? → Tu ne crois quand même pas que John va accepter ?

c) Traduits par étoffement

Ce sont les cas où le français a besoin de reprendre tout ou partie de la phrase représentée par les *tags :*

Kevin loves horror films, I don't.
→ Kevin adore les films d'épouvante, moi je ne les aime pas.
'You'd feel better if I stayed.' 'Could you ?'
→ – Vous vous sentiriez mieux si je restais. – Cela vous serait-il possible ?
'You seem to think I'm going to say yes.' 'Why, aren't you ?'
→ – Vous semblez croire que je vais accepter. – Pourquoi, ce n'est pas le cas ? / je me trompe ?

d) Exercice

3.8 *Traduisez les « tags » suivants :*

1) 'They don't look ill at all.' 'Why should they ?'
2) 'Who has broken the lock ?' 'I have.'

3) 'Did you remember to call Mum ?' There was a long moment's silence. 'Did you ?'
4) 'I won a million pounds at the lottery.' 'Did you ?'
5) 'The teacher is convinced that there's nothing good in my paper.' 'And is there ?'
6) I say, Higgins, what's the name of that friend of yours ?
7) 'Why don't I phone the school to tell them you can't come today ?' 'Would you ?'
8) I'm not going to let this scum get away with it, am I ?
9) Kevin would probably be able to face the situation, but I wouldn't.
10) So we tried to play a trick on an old friend, did we ?

IX. Formes causatives

Ces formes s'emploient quand l'action n'est pas directement faite par le sujet :

a) *Make* + nom + verbe

Dans ce cas, il peut être nécessaire de rendre la nuance de contrainte contenue dans *make :*

They made him run.
→ Ils l'ont fait courir / Ils l'ont forcé à courir.

b) *Have* + nom + verbe

▸ *2e verbe à l'infinitif*
Cette construction a un sens actif :

I'll have you meet the Prince.
→ Je vais vous faire rencontrer le prince.

▸ *2e verbe au participe passé*
Elle a un sens passif :

Can you have these wheels changed ?
→ Pouvez-vous faire changer ces roues ?

Dans ce cas, l'aspect causatif ne se traduit pas toujours :

He had three paintings stolen.
→ Il s'est fait voler / On lui a volé trois tableaux.
He had two teeth broken.
→ Il s'est cassé deux dents.

▸ *2e verbe à la forme -ing*
C'est la plus délicate à traduire :

I won't have people complaining about the food.
→ Je refuse que l'on vienne se plaindre de la nourriture.

c) Forme causative implicite

Il arrive que l'anglais sous-entende l'aspect causatif qu'il faudra faire réapparaître en français :

Retenir

boil eggs → faire cuire des œufs durs
start a car → faire démarrer une voiture
fly a plane → faire voler un avion
keep someone waiting → faire attendre quelqu'un
let me know → faites-moi savoir
call for a doctor → faites appeler un médecin

d) Exercice

3.9 *Traduisez les formes soulignées :*

1) Your job is to make people buy our products.
2) Have a few flowers sent to Grosvenor Square.
3) The Wilsons are having a house built behind ours.
4) The number of accidents should get you thinking.

5) Show me that car, I'll have it working in a few minutes.
6) Sorry to have kept you waiting.
7) Could you toast some bread, please ?
8) 'I hate these curtains.' 'Get them changed !'
9) He made himself headline news by saving a cat in a fire.
10) Do I make myself clear ?

X. *Formes résultatives*

a) Traduire les formes résultatives

Structures très idiomatiques, ce sont les formes verbales les plus difficiles à rendre en français. Le mot à mot y est dangereux, car l'on se heurte à deux langues qui n'analysent pas l'action de la même façon. L'anglais pose les choses de façon chronologique, alors que le français annonce le résultat avant d'expliquer la cause qui l'a produit. On essaiera donc de traduire d'abord le deuxième élément du groupe verbal anglais, puis le premier :

He drank himself to death.
* Il a bu à en mourir.
→ Il s'est tué à force de boire.
She danced across the room.
* Elle dansa à travers la pièce.
→ Elle traversa la pièce en dansant.

L'inversion n'est toutefois pas une règle absolue :

She talked him out of selling the house. → Elle l'a convaincu de ne pas vendre la maison.
The teacher bored us stiff. → Le professeur était d'un ennui mortel.

L'important est de ne pas confondre l'adjectif marquant le résultat d'une action avec un adjectif épithète :

He broke the open door.
→ Il brisa la porte ouverte.
He broke the door open.
→ Il ouvrit la porte en la brisant. Il fractura la porte.

Afin de bien maîtriser la compréhension de ces formes déroutantes, on pourra les identifier à l'aide des catégories suivantes :

- *Mouvement et déplacement*
  Dans ce type de résultative, le verbe indique la manière de se déplacer, la préposition indique la direction :

  He limped out of the room.
  → Il sortit de la pièce en boitant.
  Let me show you in.
  → Laissez-moi vous faire entrer / Veuillez me suivre.

  On trouvera quelquefois l'expression *one's way* quand le déplacement évoqué se fait avec une certaine difficulté :

  He groped his way out of the hole.
  → Il sortit du trou à tâtons.

- *Moyen et résultat*
  Dans ce cas, l'anglais présente les choses de façon chronologique. La traduction française adoptera une présentation explicative :

  The students laughed him out of the room.
  → Il quitta la pièce sous les rires des étudiants.
  She cried her eyes out.
  → Elle pleura à chaudes larmes.

b) Exercice

3.10 *Traduisez les formes soulignées :*

1) Can you wipe these plates clean ?
2) We laughed ourselves on our knees.
3) I was talked into the deal.
4) The prisoner crept his way through the tunnel.
5) He shouted the poor old lady out of the room.
6) The wind slammed the window shut.
7) The two old ladies were chatting the time away.
8) The teacher frightened her sick.
9) I'll blow your brains out.
10) The inexperienced customer was lured into signing a £200 cheque.

4

Syntaxe

I. La voix passive

L'anglais utilise le passif dans des phrases où le français ne peut le faire, ou préfère la voix active. Devant un passif, il faut donc se demander s'il y a de bonnes raisons de le conserver, par exemple s'il est important de conserver le sujet en tête de phrase. Dans de nombreux cas, le passif ne sera pas repris en français, mais sera traduit par l'une des formes suivantes :

a) Sujet impersonnel (il/on)

Cette forme traduit des passifs dont l'agent est totalement indéfini :

The poor boy was believed lost.
→ On crut que le malheureux garçon était perdu.
A new cook will be needed.
→ Il faudra un nouveau cuisinier.

b) Verbe à la forme pronominale

Tea is mainly grown in Asia.
→ Le thé se cultive principalement en Asie.
Christmas is usually spent at home.
→ Noël se passe généralement chez soi.

c) Changement de verbe

Il peut s'avérer pratique de modifier le verbe afin de mieux le faire passer en français :

Tina has been sent a book → Tina a reçu un livre.

d) Cas particuliers du type *say/tell*

Ces deux verbes peuvent donner trois types de tournures passives qu'il ne faut absolument pas mélanger :

- *Type 1 : be told that*

  I have been told that the shops were closed.
  → On m'a dit que les magasins étaient fermés.

- *Type 2 : be told to*

  I was told to be well-behaved at the wedding.
  → On m'a dit de bien me tenir au mariage.

- *Type 3 : be said to*

  I am said to be well-behaved.
  * On m'a dit d'être bien élevé.
  → On dit (de moi) que je suis bien élevé.

Retenir

Tell indique que le sujet est aussi l'interlocuteur.
Say n'entraîne pas la présence de l'interlocuteur.

e) Conditionnel « journalistique »

Ce type de conditionnel, qui n'existe pas en anglais, sert à marquer le caractère incertain, ou invérifié, des informations données. L'anglais utilise dans ce cas des tournures adverbiales, ou un simple passif :

The train is reported to have broken down.
→ Le train serait tombé en panne.
It is believed to be the first contract of its kind.
→ Ce serait le premier contrat du genre.

f) Infinitif

Plus rare, cette traduction intervient dans les documents administratifs, les directives officielles, les instructions, les modes d'emploi, etc. :

Not to be stored outside. → Ne pas conserver à l'extérieur.
To be taken between meals. → À prendre entre les repas.

g) Faux passif

Un verbe d'état suivi d'un participe passé n'est pas forcément le signe d'une voix passive. Le participe passé peut avoir la valeur d'un simple adjectif. Comparez :

The poor man was drunk. → Le malheureux était saoul.
All the whisky was drunk. → Tout le whisky fut consommé.

h) Exercice

4.1 *Traduisez les voix passives suivantes par une des formes vues ci-dessus :*

1) The inhabitants avoid what is usually considered as dangerous areas.

2) Where is that bottle of whisky you were given the other day ?
3) I'll take care of what is left.
4) The MP is reported to have left Westminster without any comment.
5) Skirts will be worn very short next year.
6) He was thought to be working but everyone was wrong.
7) Mail should be delivered at the entrance.
8) 'Why didn't you bring back the prisoners ?' 'I wasn't ordered to.'
9) Red wine is served at room temperature.
10) Maximum attention is required.

II. *L'inversion*

Les cas d'inversion du verbe et du groupe sujet sont peu nombreux en anglais : les questions, les propositions débutant par un mot négatif et quelques tournures soutenues. Voici les cas où les deux langues diffèrent :

a) Inversion en anglais → pas d'inversion en français

▸ *Phrases commençant par un mot négatif ou semi-négatif*

Never had I met someone so clever.
→ Jamais je n'avais rencontré quelqu'un d'aussi intelligent.
Seldom do girls refuse a gift.
→ Il est rare que les jeunes filles refusent un cadeau.

▸ *Phrases commençant par une préposition ou une particule adverbiale*

Down they fell, down to the bottom of the hole.
→ Et voilà qu'ils tombèrent, jusqu'au fond du trou.

▸ *Phrases exprimant la condition*

Should you get married one day, then you might contemplate life at home.

→ Si tu devais te marier un jour, tu pourrais alors envisager de rester à la maison.
Had she remembered to call him, he might have changed his mind.
→ Si elle s'était souvenue de l'appeler, il aurait peut-être changé d'avis.

- *« Enough » après un adjectif ou un adverbe*

  You're not rich enough → Vous n'êtes pas assez riche.
  Mais : you haven't got enough money → Vous n'avez pas assez d'argent. (*enough* + nom)

- *Formes idiomatiques*
  Certaines tournures, plutôt issues du langage parlé, utilisent l'inversion pour faire passer un sentiment (surprise, émotion forte) :

  Well, do I enjoy being with my family !
  → Qu'est-ce que j'aime être avec ma famille !
  He's a good boy, is Bob. *(familier)*
  → C'est un brave garçon que ce Bob.

b) Pas d'inversion en anglais → inversion en français

- *Perhaps/maybe/so*

  Perhaps you are hesitating.
  → Peut-être êtes-vous indécis.
  Everybody thinks she didn't kill him, maybe she did.
  → Tout le monde pense qu'elle ne l'a pas tué, mais peut-être l'a-t-elle fait / que si.
  So I decided to tell the truth.
  → Aussi décidai-je de dire la vérité.

- *Circonstanciels de temps*

  On January 21st 1793 an awful event took place.
  → Le 21 janvier 1793 se produisit un événement affreux.
  (le français inverse si le style est soutenu)

► *Sujet long*

After the tea was served, a broad-shouldered Indian man appeared from nowhere.
→ Après que le thé fut servi, apparut de nulle part un Indien à la carrure imposante.

► *Exclamatives*

What impressive fists the fighter had ! → Quels poings impressionnants avait le boxeur !

► *Relatives*

The window through which the burglar came.
→ La fenêtre à travers laquelle entra le cambrioleur / le cambrioleur entra. *(selon le style du texte)*
The company whose products people prefer.
→ La société dont le public préfère les produits. *(il s'agit ici d'un cas particulier portant sur le complément de nom)*

► *Infinitives*

Have you heard someone enter ?
→ As-tu entendu entrer quelqu'un / quelqu'un entrer ?

► *Interrogatives directes*
Le français possède des tournures inconnues de l'anglais. Il faut penser à les utiliser :

Did you tell her about the money ?
→ Est-ce que tu lui as dit pour l'argent ?
Have the students read your book ?
→ Les étudiants ont-ils lu votre ouvrage ?
Whose flowers are these ?
→ À qui sont ces fleurs ?

► *Interrogatives indirectes*

I don't know what the password is.
→ Je ne sais pas quel est le mot de passe.

c) Exercice

4.2 *Traduisez les phrases suivantes en modifiant la syntaxe si nécessaire :*

1) Scarcely did she ever think to write to her brother.
2) Had I thought for a minute that I was being cruel, I would have stopped talking.
3) Was she happy to see them, you could see tears on her face.
4) I wonder what destination is the cheapest.
5) Round and round we go !
6) What a wonderful story it was !
7) There wasn't anyone in so he walked to the back of the house.
8) Are you all right ?
9) I never knew what his favourite dish was.
10) The contract whose number I gave you on the phone.

III. Particules adverbiales et prépositions (voir aussi chap. 3.VI, p. 44, verbes à particules)

a) Traduire les particules adverbiales et les prépositions

Les *phrasal verbs* sont des verbes formés d'un radical et d'une particule adverbiale, exemple : *to come in, to give up, to sit down.* Ils ont en général un sens précis et doivent s'apprendre comme n'importe quel mot de vocabulaire.

Ils se distinguent des verbes transitifs indirects, dont le complément est introduit par une préposition, exemple : *to swim across the river, to walk through the smoke, to eat out of a plate.* Ces derniers sont souvent difficiles à traduire tels quels. La clef réside dans le croisement du verbe et de la préposition qui le suit.

He hurried down the stairs.
? Il se dépêcha en descendant les escaliers.
→ Il descendit les escaliers à toute allure.

On notera que le verbe et la préposition sont en même temps transposés (voir aussi chap. 5.I, transpositions). Évidemment ce procédé n'est pas une recette à appliquer aveuglément :

The fish swam out of the bottle.
? Le poisson sortit de la bouteille en nageant. *(« nager » est ici superflu)*
→ Le poisson sortit de la bouteille.
Drive up the road and turn left.
? Remontez la rue en voiture et prenez à gauche.
Remontez la rue et prenez à gauche. *(quand le contexte est suffisamment clair)*

b) Exercice

4.3 *Traduisez les phrases suivantes :*

1) He was driving too close to the next car.
2) A large cloud of smoke hung over the city.
3) The journalist ran past the desk.
4) You can contact me through the embassy.
5) Cycling across the country must have been very exciting.
6) She limped down the stairs.
7) He was walking up and down the room.
8) The boy decided to swim away from the shipwreck.
9) He had tomato sauce all over his trousers.
10) 'Mr Blair, please.' 'I'll put you through.'

IV. Négations

a) Double négation

L'anglais a pour règle de ne jamais doubler les négations dans la même proposition. Il faut donc penser à les replacer dans la phrase française :

She said nothing.
→ Elle n'a rien dit.

I never told you.
* Je te l'ai jamais dit.
→ Je ne te l'ai jamais dit. *(Il ne s'agit pas d'un effet de langue familière)*

b) Semi-négation

Hardly, *scarcely*, *seldom* ont un sens négatif en anglais :

She hardly ever talked to her neighbours.
? Elle parlait à peine à ses voisins.
→ Elle ne parlait presque jamais à ses voisins.

c) Exercice

4.4 *Traduisez les phrases suivantes :*

1) They seldom saw each other
2) I never went there.
3) There was hardly any patient in the room.
4) He failed to call us.
5) 'I'm not very happy when it rains.' 'Nobody is.'
6) 'Has Mrs James called ?' 'I'm afraid not.'
7) Little did she expect her new husband to invite the mafia at their wedding.
8) Isn't she lovely in her new dress !
9) Not once did the commission try to stop the investigation.
10) 'Do you sometimes eat out in London ?' 'Hardly ever.'

V. Placement des adverbes

La syntaxe anglaise est plus rigide que le français sur ce point. Les adverbes de temps précis et de lieu sont le plus souvent placés aux extrémités de la phrase, ce qui peut entraîner la nécessité de les déplacer pour rendre la traduction française plus naturelle :

Yesterday two thousand soldiers settled in the ruins of Berlin.

→ Deux mille soldats se sont installés hier dans les ruines de Berlin.

She used to come and visit us daily.

→ Elle venait tous les jours nous rendre visite.

VI. Placement des compléments circonstanciels de lieu

La phrase anglaise place le particulier avant le général. Il peut être plus élégant de faire l'inverse en français :

He found himself back in his room in Toulouse.
→ Il se retrouva à Toulouse, dans sa chambrette.

VII. Ponctuation

▸ *Virgules*

De façon générale, l'anglais utilise moins la virgule que le français. Il ne faut donc pas hésiter à en rajouter pour marquer les pauses de la phrase.

Since everyone is ready we'll start walking.
→ Puisque tout le monde est prêt, nous allons nous mettre en route.
What is this book of yours about ?
→ Qu'est-ce qu'il raconte, votre livre ?
At six o'clock the next morning he was cutting wood.
→ Le lendemain matin, à six heures, il coupait du bois.

Cependant l'anglais sépare toujours les éléments d'une énumération par des virgules, il ne faut donc pas les confondre avec des appositions et enlever les virgules en français :

He wanted to help the poor, abandoned families.
? Il voulait abandonner les pauvres, familles abandonnées.
→ Il voulait abandonner les pauvres familles abandonnées.

► *Tirets*

Les tirets sont courants en anglais (sauf pour les dialogues). On pourra les remplacer en français par des parenthèses, des points de suspension, des virgules, des points-virgules ou des deux-points. Ils ne seront conservés que lorsqu'il est nécessaire de relever le passage entre tirets :

She received a letter – a sign of hope ?
→ Elle reçut une lettre : signe d'espoir ?
He wanted to be a writer – or a singer.
→ Il voulait être écrivain, ou chanteur.
Everyone – except a few bachelors – was delighted at the news.
→ Tout le monde (à l'exception de quelques vieux garçons) fut enchanté de la nouvelle.

► *Guillemets*

Voici une règle simple qui semble pourtant poser problème à de nombreux étudiants :
Les dialogues anglais utilisent des guillemets, les dialogues français utilisent des tirets.
Certains auteurs français utilisent les guillemets en début et en fin de discours direct, mais l'étudiant passant des concours évitera de multiplier les exceptions à retenir et se contentera d'appliquer la règle citée plus haut.

'I told you,' the doctor said, 'there's no need to be so surprised now.'
'But how did you do that ?' she asked.
→ – Je vous l'avais dit, fit le docteur, ce n'est pas la peine d'être si surprise maintenant.
– Mais comment avez-vous fait ? demanda-t-elle.

5

Techniques de traduction

Traduire un texte de l'anglais vers le français dans des conditions d'examen, c'est-à-dire en temps limité, implique que l'on ne perde ni temps, ni concentration. C'est pourquoi il est recommandé de privilégier la traduction littérale, voire mot à mot, quand celle-ci donne un résultat satisfaisant en français. Il existe cependant nombre de cas où la traduction « bloque » et où le simple mot à mot ne donne rien. Les techniques exposées dans ce chapitre permettent de débloquer ce genre de situation et donc d'économiser un temps précieux. Mais attention, il ne s'agit pas de recettes. Loin de les appliquer de façon systématique, l'étudiant prudent se fera un devoir de bien les assimiler et de s'entraîner suffisamment en distinguant les cas où elles sont obligatoires de ceux où elles ne sont que facultatives.

I. Transpositions et dérivations

Transposer signifie changer la nature grammaticale d'un mot. On traduira donc un mot anglais par un mot français de nature différente afin de conserver le sens initial du message.

a) Les noms

- *Transposition obligatoire*

  La transposition du nom est obligatoire quand celui-ci ne peut être traduit (pas de nom équivalent en français), ou quand sa traduction fait perdre sa signification initiale.

  We had a lot of fun.
  * Nous avons eu beaucoup d'amusement.
  → Nous nous sommes beaucoup amusés.
  For sale → à vendre.

- *Transposition conseillée*

  The plane went into a brutal dive.
  → L'avion fit un plongeon brutal.
  → L'avion plongea brutalement. *(mieux : le groupe de mots est transposé)*
  The President called for military intervention.
  → Le Président demanda l'intervention de l'armée.
  → Le Président demanda à l'armée d'intervenir.

On remarquera que la structure *with* + nom se traduit plus facilement en transposant le nom :

With the loss of public support, the government had to give up.
? Avec la perte du soutien de l'opinion, le gouvernement a dû abandonner.
→ Privé de l'appui de l'opinion, le gouvernement a dû abandonner.
She was offered a plane ticket as a compensation for her wasted time.
? On lui proposa un billet d'avion en compensation du temps perdu.
→ On lui proposa un billet d'avion pour compenser le temps perdu.

b) Les adjectifs

► *Transposition obligatoire*

the early 50s → le début des années cinquante
the mid 50s → le milieu des années cinquante
the late 50s → la fin des années cinquante
to be hungry, thirsty, right, wrong, lucky, etc.
→ avoir faim, soif, raison, tort, de la chance, etc.
Brian is on sick leave.
* Brian est en congé, malade.
→ Brian est en congé maladie.

Certains adjectifs sont difficiles à traduire tels quels. Il s'agit d'adjectifs qui ne peuvent s'employer comme attributs, et qui ne peuvent se mettre au comparatif :

medical studies → des études de médecine
an English dictionary → un dictionnaire d'anglais.
Southern France → le sud de la France
Developing countries → Les pays en voie de développement.

Enfin, la construction *how* + adjectif est transposée dans nombre de cas :

I don't know how high that plane can fly.
→ J'ignore à quelle altitude maximale cet avion peut voler.
How mean of you !
→ Quelle bassesse de votre part !

► *Transposition conseillée*

He could see his plan becoming more concrete.
? Il voyait son projet devenir plus concret.
→ Il voyait son projet se concrétiser.
Lowered standards will jeopardize the exam.
? Des exigences abaissées vont remettre en cause l'examen.
→ La baisse des exigences va remettre en cause l'examen.

c) Les prépositions

► *Transposition obligatoire*

En principe, les prépositions anglaises ont un sens plus riche que leurs équivalentes françaises. Ce sont elles qui bien souvent contiennent l'action principale de la phrase. On devra donc les transposer (et les étoffer) dès qu'elles ne suffisent plus à faire passer le sens en français :

This train is for Leeds only.
* Ce train est pour Leeds uniquement.
→ Ce train est à destination de Leeds uniquement.
Take a day off. → Prenez un jour de congé.

(Voir aussi la traduction croisée chap. 4.III)

► *Transposition conseillée*

He was offered a job within a few days.
? On lui proposa un emploi en quelques jours. *(la préposition* within *implique l'existence de limites qu'il faut rendre)*
→ On lui proposa un emploi en l'espace de quelques jours.
The water was all around them.
? L'eau était tout autour d'eux.
→ L'eau les entourait entièrement.
They discussed over a cup of tea.
→ Ils discutèrent en prenant une tasse de thé.
→ Ils discutèrent autour d'une tasse de thé *(modulation)*.

d) Les adverbes

L'anglais possède plus d'adverbes que le français, notamment en raison de la souplesse du suffixe *-ly*. Il faut éviter d'alourdir la phrase française avec des adverbes en « -ment ».

► *Transposition obligatoire*

The young pilot was understandably tired.
→ La fatigue du jeune pilote était compréhensible.

She will hopefully remember to buy some milk.
* Elle se souviendra heureusement d'acheter du lait.
→ Avec un peu de chance, elle se souviendra d'acheter du lait.
The murderer has reportedly been killed in the explosion.
→ Il semblerait que le meurtrier ait trouvé la mort dans l'explosion.
Ironically, Joan was also a teacher.
* Ironiquement, Joan était aussi professeur.
→ Ironie du sort, Joan était aussi professeur.
On her way back, she called at Simpson's.
→ Sur le chemin du retour, elle passa chez Simpson.

▸ *Transposition conseillée*

The young boy merely smiled.
? Le jeune garçon sourit simplement.
→ Le jeune garçon se contenta de sourir.
The Chancellor is still sceptical.
? Le Chancelier est encore sceptique.
→ Le Chancelier reste sceptique.
She almost lost the keys.
? Elle a presque perdu les clefs.
→ Elle a failli perdre les clefs.
She only nodded.
? Elle hocha seulement la tête.
→ Elle se contenta de hocher la tête.

e) Les verbes

▸ *Transposition obligatoire*
Certains verbes anglais sont dérivés de noms, ils doivent être transposés en retrouvant le nom d'origine :

Damage totals £20,000.
→ Le total des dégâts atteint vingt mille livres.
When the volcano erupts, run for your life !
→ Quand le volcan entrera en éruption, sauve-qui-peut !
No parking → Stationnement interdit.

On rappellera également le cas des verbes à particules dont la traduction est croisée et implique deux transpositions (voir chap. 3. VI et 4. III) :

He elbowed his way through the crowd.
Il traversa la foule en jouant des coudes.

► *Transposition conseillée*
Dans de nombreux cas, le verbe anglais se traduira par un nom en français pour respecter la préférence de ce dernier pour les tournures nominales :

When his sister arrived, she went straight to the centre of the room.
? Quand sa sœur arriva, elle se dirigea droit vers le centre de la pièce.
→ À son arrivée, sa sœur se dirigea droit vers le centre de la pièce.
Girls fainted as Frankie passed by.
? Les jeunes filles se pâmaient alors que Frankie passait.
→ Les jeunes filles se pâmaient au passage de Frankie.

f) Exercice

5.1 *Traduisez les phrases suivantes en transposant les mots soulignés*

1) She eventually arrived in late October, when the weather turned cold.
2) We only shared the occasional drink.
3) Take the report and read it at leisure.
4) Excuse my French !
5) Our country's economy didn't suffer much from the oil crisis.
6) The secretary has been on sick leave for a month now.
7) You're only interested in making more money.
8) Such investment can only result in smaller return.
9) I have come for a new car.
10) This won't change what I believe in.

II. Modulations

La modulation consiste à traduire en partant d'un point de vue différent, souvent pour des raisons touchant aux racines mêmes de chaque langue. Ainsi :

Remember the guide → N'oubliez pas le guide !

Cette opération permet de s'éloigner un peu plus du texte de départ et doit donc être utilisée avec prudence, chaque fois que l'on a le sentiment que le mot à mot ne passe pas en français. Le défaut souvent répandu chez les étudiants est de se limiter à la modulation affirmative/négative comme dans l'exemple cité ci-dessus. Voici les principaux types de modulations possibles, accompagnés de listes de modulations « figées » que l'on pourra mémoriser afin de gagner du temps en conditions d'examen :

a) Affirmatif/négatif

The teacher made it plain that there would be a test on Monday.
* Le professeur a dit simplement qu'il y aurait une interrogation lundi.
→ Le professeur n'a pas caché qu'il y aurait une interrogation lundi.
The suspect quietly followed the inspector.
* Le suspect suivit tranquillement l'inspecteur. *(il manque un aspect subi au verbe)*
→ Le suspect suivit l'inspecteur sans protester.
2001 is not a minor film.
* 2001 n'est pas un film mineur. *(anglicisme)*
→ 2001 n'est pas une œuvre sans importance.

Retenir

---

to play safe → ne pas prendre de risques
unskilled workers → les o.s. (ouvriers spécialisés)
mixed blessing → avantage incertain
rubber cheque → chèque sans provision (avec changement de point de vue)

b) Concret/abstrait

L'anglais est une langue éminemment concrète, alors que le français manie volontiers l'abstraction :

To sleep in the open → Dormir à la belle étoile
Debt crisis → La crise de l'endettement

Attention, il arrive que l'inverse se produise :

It was difficult to drive in such conditions.
→ Il était difficile de conduire par un temps pareil.

▸ *Cas particulier : la succession*
L'anglais évoque la succession d'éléments de façon très concrète. Dans de nombreux cas, le français préférera utiliser un mot abstrait pour évoquer la même idée :

day after day → au fil des jours
Victory after victory the king strenghtened his power.
→ La succession des victoires renforça le pouvoir du roi.

Retenir

---

overnight services → services express
mainframe computer → ordinateur central / mini-ordinateur (par opposition à micro)
desktop computer → ordinateur de bureau / ordinateur individuel
laptop computer → ordinateur portatif/portable

land developers → promoteurs immobiliers
British laws → la législation britannique
the bottom line → le résultat (financier) / l'essentiel
think tanks → groupes de réflexion / groupes d'experts
roadblocks → entraves
the man in the street → Monsieur-tout-le-monde
watershed → date historique / tournant
wage-earners → salariés
free-marketeers → libéraux (au sens économique) / défenseurs de la libre entreprise
take-home pay → salaire net
best before... → à consommer avant le...
draught beer → bière pression
iron grip → main de fer
a hands-off policy → une politique non interventionniste
user-friendly → ergonomique/convivial
a company car → une voiture de fonction
baby bust → dénatalité
Random Access memory → mémoire vive
Read-Only memory → mémoire morte

c) Partie/totalité (ou autre partie)

To clear one's <u>throat</u> → s'éclaircir la <u>voix</u>
To read a book from <u>cover</u> to <u>cover</u> → Lire un livre de la première à la dernière <u>page</u>

Retenir

word-processor → traitement de texte
news conference → conférence de presse
financial centres → places financières
labour force → main-d'œuvre
government help → l'aide de l'État
gunfire → coups de feu

d) Espace/temps

The day when I came. → Le jour où je suis venu.

Retenir

round the clock → vingt-quatre heures sur vingt-quatre
after-taste → arrière-goût

e) Changement de point de vue ou de métaphore

Ces modulations sont fréquentes en raison des images différentes que chaque langue utilise pour faire passer la même idée :

All is not well. → Quelque chose ne va pas.
Mr Martin owns the house.
→ La maison appartient à M. Martin.
He had water from his knees down.
→ Il avait de l'eau jusqu'aux genoux.

Retenir

sweatshop → atelier clandestin
ghost writer → nègre
brain drain → fuite des cerveaux
money supply → masse monétaire
hair loss → chute de cheveux
local government → autorités locales
Welfare State → État-Providence
job losses → suppressions d'emplois

profit-sharing → intéressement au résultat (de l'entreprise)
Madison Avenue → les milieux américains de la publicité
Whitehall → le gouvernement (britannique)
Westminster → le Parlement (britannique)
Capitol Hill → le Congrès (américain)
a book-worm → un rat de bibliothèque
leisure time → le temps libre
the black economy → l'économie souterraine
the foreseeable future → le futur proche
free trade → le libre-échange
self-employed → indépendant/à son compte
empty talk → vains discours
a rough compromise → une solution bâtarde / une cote mal taillée
a pigeonhole → un casier (à courrier)
a two-tier society → une société à deux vitesses
a time zone → un fuseau horaire
a turn-key project → un projet clefs en main
a pie-chart → un graphique en camembert
a hitman / a hired gun → un tueur à gages
wet paint → peinture fraîche
bomb scare → alerte à la bombe
relief road → itinéraire de délestage / itinéraire bis
seafood → fruits de mer
a flash in the pan → un feu de paille
an electoral landslide → un raz de marée électoral
emergency exit → sortie de secours

f) Exercice

5.2 *Traduisez les expressions suivantes en utilisant la modulation :*

1) the top floor
2) firewood
3) wash your hair
4) a high chair
5) India ink
6) a first-run film
7) a mirror image
8) credit control
9) a leading article
10) budget squeeze

III. *L'étoffement*

La simple comparaison d'un texte anglais et de sa traduction dans une édition bilingue montre bien que le français est toujours plus long. Ceci est dû au caractère analytique de la langue française qui préfère expliquer plutôt que de synthétiser une idée en un seul mot. Voilà pourquoi il ne faut jamais hésiter à en « rajouter » en version, afin d'être sûr que le texte traduit sera clair.

a) Les démonstratifs : *this* et *that*

Éviter, dans la mesure du possible, la traduction floue par « ceci » ou « cela » :

> All his mates had been killed. The young soldier wasn't ready for this.
> * Tous ses camarades s'étaient fait tuer. Le jeune soldat n'était pas prêt pour cela.
> → Tous ses camarades s'étaient fait tuer. Le jeune soldat n'était pas prêt à affronter une telle situation.
> That was 'Bedtime Reading' by Carol Davis.
> ? C'était « Lecture du Soir » par Carol Davis.
> → Vous venez d'entendre « Lecture du Soir » par Carol Davis.
> This has nothing do to with that.
> * Ceci n'a rien à voir avec cela.
> → Ces deux choses n'ont rien à voir entre elles. / Ce sont deux choses totalement différentes.

b) Particules adverbiales et prépositions

La puissance de ces petits mots en anglais explique que l'on doive toujours s'interroger sur la possibilité de les étoffer :

▸ *Étoffement par un groupe nominal*

> The train from Leeds
> ? Le train de Leeds (ambigu)
> → Le train en provenance de Leeds

This is from your sister.
* C'est de ta sœur.
→ C'est de la part de ta sœur.
An action against the government's power.
→ Une action contre le pouvoir du gouvernement.
→ Une action à l'encontre du pouvoir du gouvernement.

▸ *Étoffement par un groupe verbal*

He cut the newspaper into small squares.
→ Il découpa le journal en petits carrés.
→ Il découpa le journal pour en faire des petits carrés. *(plus précis)*
Let me out.
* Laissez-moi dehors.
→ Laissez-moi sortir.
The easiest way to the townhall.
* Le chemin le plus simple pour la mairie.
→ Le chemin le plus simple pour aller à la mairie.

▸ *Étoffement par un adjectif ou un participe passé*

She was walking to the song of birds.
* Elle marchait au chant des oiseaux.
→ Elle marchait accompagnée par le chant des oiseaux.
The charges against the mayor have been made public.
* Les accusations contre le maire ont été rendues publiques.
→ Les accusations portées contre le maire ont été rendues publiques.
She is out.
* Elle est dehors. *(ce qui serait la traduction de* outside*)*
→ Elle est sortie.

▸ *Étoffement par une proposition*

This accounts for the change in the attitude of the IRA.
* Ceci explique le changement dans l'attitude de l'IRA.
→ Ceci explique le changement qui s'est opéré dans l'attitude de l'IRA.
She left with a sigh.
? Elle partit avec un soupir. *(un peu trop calqué)*
→ Elle partit en soupirant.

c) Adverbes

Les adverbes en *-ly* doivent souvent être étoffés en raison du manque d'adverbes correspondants en français, ou de leur lourdeur (voir aussi chap. 5.I.d, transpositions des adverbes) :

She accepted grudgingly.
→ Elle accepta à contre cœur.
Martin was named chairman, and rightly so.
* Martin a été nommé président (du conseil d'administration), et justement.
→ Martin a été nommé président, et à juste titre.

d) Verbes

(Voir aussi chap. 5.I.e, transpositions des verbes)

to quote → remettre un devis
to jeopardize → mettre en péril
to man → pourvoir en personnel

Attention aux pièges du « franglais » :

to solve * solutionner → trouver une solution

e) Adjectifs verbaux en *-ing*

A soaring inflation rate
→ Un taux d'inflation qui monte en flèche
He was reading an absorbing novel.
? Il lisait un roman absorbant. *(sens différent)*
→ Il était absorbé par la lecture d'un roman.

f) Conjonctions : *When/where* en apposition

Ces deux conjonctions ne peuvent se traduire par « quand » et « où » lorsqu'elles sont apposées (après une virgule) :

She was sent to the back of the house, where the tools had been stored.
* On l'envoya à l'arrière de la maison, où l'on avait entreposé les outils.
→ On l'envoya à l'arrière de la maison, à l'endroit où l'on avait entreposé les outils.
Rosie was born in the 20s, when women asked for independence.
* Rosie était née dans les années vingt, quand les femmes demandèrent à être indépendantes.
→ Rosie était née dans les années vingt, à l'époque où les femmes demandèrent à être indépendantes.
It depends on how she did it.
→ Cela dépend de la façon dont elle l'a fait.
Think about why she was killed.
→ Réfléchissez à la raison pour laquelle on l'a tuée.

g) Étoffement des ellipses

L'anglais pratiquant l'ellipse plus facilement que le français, on prendra soin de faire réapparaître dans la phrase française les éléments sous-entendus dans la phrase anglaise :

He did not say.
* Il n'a pas dit.
→ Il ne l'a pas dit.
The policeman didn't have time.
* Le policier n'a pas eu le temps. *(il faudrait indiquer « de quoi faire »)*
→ Le policier n'en a pas eu le temps.

▸ *Cas particulier : les titres de la presse*
Les titres de la presse anglo-saxonne privilégient toujours l'impact de l'information au détriment du style (et parfois de la clarté pour un lecteur non prévenu) :

Queen To Meet Pope.
→ La Reine doit rencontrer le Pape.
Penalty For Foul Play.
→ Des tricheries entraînent des sanctions.

Hong Kong Ads Go Up In Smoke.
→ La publicité pour le tabac à Hong Kong a fait long feu.

h) Exercices

5.3.a *Traduisez les phrases suivantes en étoffant les mots soulignés :*

1) Our society has experienced a sweeping change in the past 20 years.
2) He was sentenced to 5 years, and rightly so.
3) He jumped from the tower into the water.
4) There will be coaches to the station.
5) The man in the corner.
6) The police went back to where the first explosions had been heard.
7) Maths is one of his strengths.
8) 'I say, George, still time for books then ?'
9) I'm through with this job.
10) *The Time Machine* by H. G. Wells

5.3.b *Traduisez les titres de presse suivants :*

1) PM to make decisive speech at Commons
2) Stirrings in tea as structure of market changes
3) Overworking kills Japanese bosses
4) Freeze hits roads
5) The man behind 1984 *(il s'agit du roman)*
6) Britain's blackspots
7) Who's minding the baby ?
8) The art of lobbying
9) The 'self-service' economy
10) The new barbarians

IV. *Équivalences et emprunts*

a) Équivalences

Les équivalences sont des traductions figées, admises une fois pour toutes. Elles remplacent avantageusement la traduction littérale qui donnerait un français gauche, voire du pur franglais ! Exemple :

Easy boy !
* Garçon facile ! *(ne veut évidemment rien dire)*
→ Doucement mon garçon !
Men at work
? Hommes au travail
→ Travaux *(intitulé habituel utilisé sur les panneaux routiers)*
The measure should boost the turn-over.
* La mesure devrait booster le turn-over. *(pur franglais)*
→ La mesure devrait dynamiser le chiffre d'affaires.

Il serait bien sûr impossible de dresser la liste complète des équivalences, mais on s'inspirera des exemples de base donnés ci-dessous pour trouver, face à une expression anglaise difficile à traduire, l'expression usuelle française qui lui correspond le mieux :

Retenir :
équivalences de la vie quotidienne

'Thank you.' 'You're welcome' → – Merci. – Je vous en prie.
Patrons only → Réservé à la clientèle
May I help you ? → On s'occupe de vous ?
Attention ! → Garde à vous !
At ease ! → Repos !
Fill her up please → Le plein, s'il vous plaît
No parking → Défense de stationner
Wet paint → Peinture fraîche

No trespassing → Propriété privée
Hear ! Hear ! → Bravo ! Bravo ! (au parlement)
Ouch ! → Aïe !
Make yourself at home → Faites comme chez vous
Help yourself → Servez-vous
sleep like a log → dormir comme un loir
live from hand to mouth → vivre au jour le jour
play truant → faire l'école buissonnière
true love → le grand amour
like the apple of my eyes → comme la prunelle de mes yeux
be over the moon → être aux anges
draw lots → tirer à la courte paille
a pleasure cruise → une partie de plaisir
worn out → crevé, épuisé
I heard it through the grapevine → C'est mon petit doigt qui me l'a dit
inner cities → centres urbains défavorisés
wellies → bottes en caoutchouc
bullshit → conneries
take French leave → filer à l'anglaise

Retenir :
équivalences de la vie professionnelle

a commuter → un banlieusard
a bigwig / a big shot → un gros bonnet, une huile
work to rule → faire la grève du zèle
do things by the book → faire les choses à la lettre
it's a deal → marché conclu
a jack-of-all-trades → un homme à tout faire
pull strings → avoir du piston
start from scratch → repartir à zéro
no need to ask → ne vous gênez pas
it's a must → c'est incontournable
D-day → le jour J
at a moment's notice → au pied levé
filibustering → obstruction parlementaire
beat around the bush → tourner autour du pot
It's a rip off ! → C'est du vol !

Retenir :
principaux proverbes

A bird in the hand is worth two in the bush → Un tiens vaut mieux que deux tu l'auras
Beggars cannot be choosers → Nécessité fait loi / Faute de grives... (on mangera du merle)
Birds of a feather flock together → Qui se ressemble s'assemble
Charity begins at home → Charité bien ordonnée commence par soi-même
Don't put the cart before the horse → Ne mettez pas la charrue avant les bœufs
The early bird catches the worm → Le monde appartient à celui qui se lève tôt
Every cloud has a silver lining → À quelque chose malheur est bon
Money begets money → On ne prête qu'aux riches
No pain, no gain → On n'a rien sans rien / On ne fait pas d'omelette sans casser des œufs
Once bitten, twice shy → Chat échaudé craint l'eau froide
Out of sight, out of mind → Loin des yeux, loin du cœur
out of the frying-pan into the fire → tomber de Charybde en Scylla / aller de mal en pis
The proof of the pudding is in the eating → La qualité se révèle à l'usage
Spare the rod and spoil the child → Qui aime bien châtie bien
A stitch in time saves nine → Il vaut mieux prévenir que guérir
Two heads are better than one → Deux avis valent mieux qu'un
Where there's a will there's a way → Quand on veut on peut
You cannot have it both ways → Il faut choisir
You cannot have your cake and eat it → On ne peut pas avoir le beurre et l'argent du beurre
You never can tell → On ne sait jamais

b) Emprunts

L'emprunt est une solution extrême qui consiste à « emprunter » un terme anglais par impossibilité de trouver une traduction satisfaisante en français. Ces cas sont très limités dans les épreuves de concours. En voici quelques exemples :

The hospital will buy another <u>scanner</u>.
? L'hôpital achètera un nouveau <u>scintigraphe à balayage</u>.
(on comprendra que cette traduction, même si elle est

exacte, est peu satisfaisante pour être comprise du lecteur moyen)
→ L'hôpital achètera un nouveau scanner.
Roosevelt and the New Deal.
? Roosevelt et la Nouvelle Donne. *(peu clair car le terme est marqué par la civilisation américaine)*
→ Roosevelt et le New Deal.
Lady Thatcher is a member of high society.
* Mme Thatcher appartient à la haute société. *(ne marque pas le titre de noblesse)*
→ Lady Thatcher appartient à la haute société.

c) Exercice

5.4 *Traduisez les expressions soulignées en trouvant une équivalence en français :*

1) I'm not interested in the deal, count me out.
2) He tried to kill two birds with one stone.
3) I took his hint, there was no need to explain.
4) We only see Frank once in a blue moon.
5) 'Thank you so much for helping me' 'Pleasure !'
6) They found themselves in a no-win situation.
7) You've had a lucky break on this one.
8) I'll make you eat your words.
9) A few pills and you'll be up and running.
10) Don't bear a grudge against him, he only did his duty.

6

Problèmes lexicaux

I. Les faux amis

De sinistre réputation, les faux amis anglais n'en continuent pas moins à faire de nombreuses victimes dans les copies d'examens. Ce n'est pourtant pas le manque de littérature à ce sujet qui est à blâmer ! Il faut les apprendre de façon logique, en distinguant les faux amis complets (qui n'ont jamais le sens de leur « cousin » français) :

> eventually * éventuellement → finalement / finir par / en fin de compte

et les faux amis partiels dont le sens correspond ou pas à l'équivalent français selon le contexte :

> She feels <u>anxious</u> because her husband has not called.
> → Elle est <u>anxieuse</u> car son mari n'a pas appelé.
> She is <u>anxious</u> to meet her new boss.
> * Elle est <u>anxieuse</u> à l'idée de rencontrer son nouveau patron.
> → Elle est <u>impatiente</u> de rencontrer son nouveau patron.

a) Faux amis complets

Retenir

academic → scolaire, universitaire
accomplished → talentueux, doué
achieve → mener à bien, remporter un succès
act → loi (votée)
actual → véritable, réel
actually → vraiment, réellement, en fait
advocate → défenseur, partisan
affluence → richesse, abondance
annoy → irriter, contrarier
be apt to → avoir tendance à
assist → aider
attend → assister à, fréquenter (un établissement)
cargo → cargaison
cave → grotte, caverne
china → porcelaine
college → établissement d'enseignement supérieur
comprehensive → complet, détaillé
a con man → un escroc
confident → confiant, sûr de soi
conservationist → écologiste
corpse → cadavre
date → sortir avec (une fille, un garçon)
decade → décennie
deceive → tromper, trahir
demand → exiger
deputy → adjoint, suppléant
dispose of → se débarrasser de
dramatic → spectaculaire, théâtral
eventually → finalement, en fin de compte, finir par
facilities → équipements, installations, services
genial → bienveillant, doux (climat)
grief → chagrin, malheur (*to come to grief* → arriver malheur à, mal tourner)
issue → sujet, question, problème
label → étiquette
lecture → cours, conférence
large → grand, vaste
library → bibliothèque
location → emplacement

on location → en extérieur (cinéma)
minute → minuscule (prononciation différente de *minute* → minute)
novel → roman
nurse → infirmière
occupational → professionnel
opportunity → occasion favorable, perspective, débouché
pathetic → minable
patron → client, habitué
phrase → expression
principal → capital d'un prêt
process → processus
professor → professeur d'université
rampant → qui sévit, qui fait rage
relief → soulagement, aide
resume → reprendre (une activité)
scholar → érudit, universitaire
sensible → sensé
support → soutenir
sympathetic → compatissant
tentative → timide (sourire), expérimental, provisoire (conclusion)
versatile → éclectique
vest → maillot de corps (GB), gilet (US)
vocational → professionnel (formation)

b) Faux amis partiels

Retenir

abuse → injurier, maltraiter/abuser
advance → progrès (technique) / avance
anxious → désireux, impatient de / anxieux
approach → façon d'aborder un problème / approche (aviation)
argument → dispute/argument
assume → présumer/assumer
benefit (from) → avantage, prestation sociale / bénéficier de (verbe)
chance → hasard, occasion/chance (dans le sens de probabilité)
chauvinism → le machisme / le chauvinisme
company → société/compagnie (maritime ou aérienne)
competition → concurrence/compétition (sportive)
concern → inquiéter/concerner

contemplate → envisager/contempler
conviction → condamnation/conviction
critic → un critique
dealer → négociant/trafiquant de drogue
demonstrate → manifester/démontrer
endure → durer/endurer
evidence → preuve/évidence
global → mondial, planétaire/global
ignore → ignorer (volontairement)
liberal → de gauche (sens politique) / libéral (sens philosophique et moral)
maintenance → entretien/maintenance
nuisance → embêtement, casse-pieds/nuisance
order → commande/ordre
radical → extrémiste (politique) / radical
realise → se rendre compte, réaliser, prendre conscience de
regulation → réglementation/régulation
ruin → gâcher, abîmer/ruiner
ultimate → final, suprême, le plus éloigné / ultime
union → syndicat/union

c) Exercice

6.1 *Les traductions suivantes contiennent des faux amis. Vérifiez-les dans un bon dictionnaire et corrigez-les :*

1) Hostile troops have been spotted in the area.
   * Des troupes hostiles ont été repérées dans la région.
2) You're not being very sympathetic.
   * Tu ne montres pas beaucoup de sympathie.
3) I don't believe in progressive education.
   * Je ne crois pas à l'éducation progressive.
4) He was an ancient philosopher.
   * C'était un philosophe ancien.
5) A Frenchman could be a confectioner in London.
   * Un Français pourrait être confectionneur à Londres.
6) She couldn't follow the pace.
   * Elle ne pouvait suivre le pas.
7) No preservatives.
   * Aucun préservatif.
8) Can you see the reflection of the moon the lake ?
   * Vois-tu la réflexion de la lune sur le lac ?

9) Davis, that's his surname.
   * Davis, voilà son surnom.
10) In the USA, all the electors vote at the same time.
   * Aux États-Unis, les électeurs votent au même moment.

II. *Le « franglais »*

a) Les anglicismes les plus courants

Ne mâchons pas nos mots : le franglais est la plaie de l'ère moderne. Il ne s'agit pas ici de rejeter les apports de l'anglais : sandwich, week-end, jazz et flirt ont fait leurs armes et notre langue les a accueillis après une longue période d'adaptation et de décantation. Il n'en va pas de même pour les *prime time, brainstorming, best of* et autres *discount* dont le français n'a pas besoin (puisqu'il dispose déjà de « heure de grande écoute », « réunion de travail », « florilège, morceaux choisis » et « rabais »), qui ne servent qu'à impressionner le gogo et qui ne feront qu'enlaidir une traduction. Il faut, hélas, se méfier des dictionnaires qui semblent pressés de coller aux modes les plus récentes, et toujours employer le mot d'origine française quand il existe.

Loin de constituer une liste exhaustive, voici un relevé des cas les plus fréquents et les plus récents qu'il faut éliminer sans pitié avant que les racines ne prennent :

the Clinton administration
* l'administration Clinton
→ le gouvernement Clinton
We have no other alternative.
* Nous n'avons pas d'autre alternative. *(une alternative est un ensemble de deux choix)*
→ Nous n'avons pas d'autre choix.
We should anticipate the crisis.
* Nous devrions anticiper la crise.
→ Nous devrions prévoir la crise.
The Prime minister's approach is interesting.
* L'approche du Premier ministre est intéressante.
→ L'optique du Premier ministre est intéressante.

Advanced civilisations
* Les civilisations avancées
→ Les civilisations évoluées
The baby-boomers generation
* La génération des baby-boomers
→ La génération des années 50 et 60 / des années de croissance / d'après-guerre
We only sell best-sellers.
* Nous ne vendons que des best-sellers.
→ Nous ne vendons que des livres à succès.
To boost the sales
* Booster les ventes
→ Dynamiser les ventes
To boycott a country
* Boycotter un pays
→ Frapper un pays d'ostracisme
Let's have a break !
* Faisons un break !
→ Faisons une pause !
Y2K bug
* le bug de l'an 2000
→ le bogue de l'an 2000
A famous business-school
* Une business-school célèbre
→ Une école de commerce célèbre
He paid cash.
* Il a payé cash.
→ Il a payé comptant.
What a challenge !
* Quel challenge !
→ Quel défi !
It led to a clash.
* Cela mena au clash.
→ Cela mena à l'affrontement.
A tennisman needs to be coached.
* Un tennisman a besoin d'être coaché.
→ Un joueur de tennis a besoin d'un entraîneur.
An employee in the company
* Un employé de la compagnie (sauf s'il s'agit d'avions ou de bateaux)
→ Un employé de la société
The free market and competition
* Le libéralisme économique et la compétition
→ Le libéralisme économique et la concurrence
You looked concerned.
* Vous aviez l'air concerné.
→ Vous aviez l'air préoccupé.
The party's conference

* La conférence du parti
→ Le congrès du parti
You should call a consultant.
* Vous devriez faire appel à un consultant.
→ Vous devriez faire appel à un expert / conseiller spécialisé.
Everything is under control.
* Tout est sous contrôle.
→ Nous maîtrisons la situation.
The Democratic Party's convention.
* La convention du parti Démocrate.
→ Le congrès du parti Démocrate.
The teacher is not cool.
* Le professeur n'est pas cool.
→ Le professeur n'est pas décontracté / est coincé.
Reagan and market deregulation
* Reagan et la dérégulation du marché
→ Reagan et la déréglementation du marché
Digital information
* L'information digitale
→ L'information numérique
Racial discrimination
* La discrimination raciale (la discrimination est le discernement)
La ségrégation / l'exclusion raciale
Domestic markets
* Les marchés domestiques
→ Les marchés nationaux
Drastic measures
* Des mesures drastiques
→ Des mesures radicales/rigoureuses
Efficiency is the ultimate goal
* L'efficience est l'objectif final
→ L'efficacité est l'objectif final
Indian summer
* L'été indien (quand il ne s'agit pas de l'Amérique du Nord)
→ L'été de la Saint-Martin (pour le contexte français, évidemment)
He showed a lot of expertise.
* Il a fait montre de beaucoup d'expertise.
→ Il a fait montre de beaucoup d'expérience / de compétence.
The gay district
* Le quartier gay
→ Le quartier des homosexuels
Globalisation means free trade.
* La globalisation est synonyme de libre-échange.
→ La mondialisation/planétarisation est synonyme de libre-échange.
Our company is a holding.
* Notre société est une holding.
→ Notre société est une société mère.

Football hooligans
* Les hooligans du football
→ Les voyous du football
To measure a campaign's impact
* Mesurer l'impact d'une campagne
→ Mesurer les effets / l'efficacité d'une campagne
Imports have risen.
* L'import a augmenté.
→ Les importations ont augmenté (*exports* → les exportations)
To look for a job
* Chercher un job
→ Chercher un emploi
Intel is the leader in microchips.
* Intel est le leader sur le marché du microprocesseur.
→ Intel est en tête sur le marché du microprocesseur.
A mailing company
* Une société de mailing
→ Une société de multipostage
This was a major step towards independance.
* C'était une étape majeure vers l'indépendence.
→ C'était une étape essentielle vers l'indépendance.
Native Americans
* Les Américains natifs
→ Les Indiens d'Amérique
To make the most of an opportunity
* Profiter au maximum d'une opportunité
→ Profiter au maximum d'une occasion
A pollution peak
* Un peak (pic ? !) de la pollution
→ Une forte hausse de la pollution
What's the procedure in case of a fire ?
* Quelle est la procédure en cas d'incendie ?
→ Quelle est la marche à suivre en cas d'incendie ?
Do you realise what you have done ?
* Est-ce que tu réalises ce que tu as fait ?
→ Est-ce que tu te rends compte de ce que tu as fait ?
That film is a good remake.
* Ce film est un bon remake.
→ Ce film est une nouvelle adaptation réussie.
I have a seminar on 16th-century literature.
* J'ai un séminaire sur la littérature du XVIe siècle.
→ J'ai un stage / une conférence sur la littérature du XVIe siècle.
New measures for senior citizens.
* De nouvelles mesures en faveur des seniors.
→ De nouvelles mesures en faveur des personnes âgées.
A significant rise in sales
* Une hausse des ventes significative (significatif = qui est exprimé clairement)

→ Une hausse des ventes conséquente
The standardisation of production
* La standardisation de la production
→ La normalisation de la production
Young executives faced with heavy stress.
* Les jeunes cadres doivent faire face à un grand stress.
→ Les jeunes cadres doivent faire face à une grande tension nerveuse.
We support our team.
* Nous supportons notre équipe.
→ Nous soutenons notre équipe.
New technologies are being developed.
* De nouvelles technologies sont mises au point.
→ De nouvelles techniques sont mises au point.

b) Exercice

6.2 *Corrigez les traductions suivantes en remplaçant les anglicismes par un terme correct :*

1) What is fascinating with him is his capacity to remain calm.
   * Ce qu'il y a de fascinant avec lui c'est sa capacité à rester calme.
2) My father is a Doctor of Divinity.
   * Mon père est docteur en divinité.
3) Our magazine is aimed at all kinds of deciders.
   * Notre magazine vise les décideurs de toutes sortes.
4) 'I'm ill.' 'That's a good excuse to stay in bed.'
   ? – Je suis malade. – C'est une bonne excuse pour rester au lit.
5) The girl was only nineteen and already employed.
   * La fille n'avait que dix-neuf ans et travaillait déjà.
6) In the near future, babies will be healthier.
   * Dans un futur proche, les nourrissons seront en meilleure santé.
7) Can you remember to feed the cat ?
   * Peux-tu te souvenir de nourrir le chat ?
8) Our company will consider all growth opportunities.
   * Notre entreprise considérera toutes les opportunités de croissance.
9) The party has revamped its platform.
   * Le parti a relooké sa plate-forme.

10) We must develop pension funds.
 * Il faut développer les fonds de pension.
11) Old buildings have been rehabilitated.
 * Les vieux immeubles ont été réhabilités.
12) This country is a real sanctuary for terrorists.
 * Ce pays est un véritable sanctuaire pour les terroristes.

III. Problèmes d'orthographe

Les mots d'origine française utilisés par l'anglais ont souvent subi une modification orthographique. Le retour au français implique que l'on retrouve l'orthographe originelle :

a) Retirer une consonne

address → adresse
traffic → trafic
aggressive → agressif
exaggerate → exagérer
committee → comité

b) Ajouter une consonne

damage → dommage
personally → personnellement
professional → professionnel
traditional → traditionnel
development → développement

c) Modifier une lettre

confident → confiant
independence → indépendance
tendency → tendance
medicine → médecine
reflection → réflexion

d) Retirer une lettre

guardian → gardien
language → langage
rhythm → rythme
Socrates → Socrate

e) Ajouter une ou plusieurs lettres

environment → environnement
air company → compagnie aérienne
desperate → désespéré
human → humain
paradox → paradoxe
Plato → Platon

f) Majuscules

► *Jours et mois*

Thursday, January 21st 1960 → le jeudi 21 janvier 1960

► *Nationalités et langues*

He's French → Il est français / C'est un Français
I am learning English → J'apprends l'anglais

► *Titres honorifiques*

Pope John Paul → le pape Jean-Paul II
Queen Victoria → la reine Victoria

► *Organismes officiels*

Amnesty International → Amnesty International *(l'adjectif fait partie du nom propre)*
the European Commission → la Commission européenne *(l'adjectif ne fait que désigner la nationalité)*
the House of Commons → la Chambre des communes

► *Partis politiques*

the Republican Party → le Parti républicain
a democrat → un démocrate *(sens général)*
a Democrat → un Démocrate *(au sens du parti)*

► *Lieux*

South America → l'Amérique du Sud
the West → l'Ouest/l'Occident
Lincoln Cathedral → la cathédrale de Lincoln

► *Périodes ou événements historiques*

the Middle Ages → le Moyen Âge
the Great Depression → la Crise de 1929 *(considérée comme un nom propre)*
the First World War → la Première guerre mondiale

IV. Vocabulaire anglais à développer

L'anglais dispose d'un vocabulaire particulièrement riche dans quelques domaines bien précis. Il faut donc faire un effort particulier pour maîtriser ces domaines :

a) Sons

He banged the door.
→ Il a claqué la porte.
The bomb blasted in the middle of the market place.
→ La bombe a éclaté au milieu du marché.
You could hear the buzz of conversations.
→ On entendait le bourdonnement des conversations.
I heard the chime of the village bell.
→ J'entendis tinter la cloche du village.
Birds were chirping in the trees.
→ Les oiseaux gazouillaient dans les arbres.
The clash of metal bars.
→ Des barres de métal qui s'entrechoquent.

The ghost's chains were clanking.
→ Les chaînes du fantôme cliquetaient.
Wood crackles in the fireplace.
→ Le bois crépite dans la cheminée.
The door creaks.
→ La porte grince.
He was groaning with pain.
→ La douleur le faisait grogner.
The hiss of a snake.
→ Le sifflement du serpent.
The honk of a car.
→ Le coup de klaxon de la voiture.
The howl of a wolf.
→ Le hurlement d'un loup.
The screech of tires.
→ Le crissement des pneus.
The scream of a woman.
→ Un cri de femme.
The squeak of a mouse.
→ Un petit cri de souris (couinement)
The lid was sealed with a thud.
→ Le couvercle fut scellé avec un bruit sourd.
Stop whining !
→ Arrête de geindre !

b) Lumière

Flickering candle flames.
→ Des flammes de bougie vacillantes.
A gleam of intelligence in his eyes.
→ Une lueur d'intelligence dans ses yeux.
We could see a glimmer in the distance.
→ Nous pouvions voir une petite lueur au loin.
A glint on a car's bonnet.
→ Un reflet métallique sur un capot de voiture.
The sun was glistening on the animal's skin.
→ Le soleil avait des reflets mouillés sur la peau de l'animal.
All that glitters is not gold.
→ Tout ce qui brille n'est pas d'or.

Shimmering water in the middle of a desert.
→ Une eau qui miroite au milieu d'un désert.
The sun was shining.
→ Le soleil brillait.
Her eyes were sparkling with tears of joy.
→ Des larmes de joie faisaient scintiller ses yeux.
Twinkle, little star.
→ Scintille, petite étoile.

c) Mouvements

She was bouncing the baby on her knees.
→ Elle faisait rebondir le bébé sur ses genoux.
The wardrobe won't budge, it's too heavy.
→ La penderie ne veut pas bouger, elle est trop lourde.
The carriage was bumping along the paved road.
→ La charrette allait cahotant le long de la route pavée.
Monsters creeping in the dark.
→ Des monstres se déplaçant furtivement dans l'obscurité.
He dashed up the stairs.
→ Il grimpa les escaliers à toute vitesse.
The boat was drifting.
→ Le bateau dérivait.
He hopped about the room.
→ Il sautilla à travers la pièce.
He was jostled by the crowd.
→ Il était bousculé par la foule.
The dog leapt over the sofa.
→ Le chien bondit au-dessus du canapé.
He was lingering behind the group.
→ Il était à la traîne derrière le groupe.
They used to range all around the country.
→ Il avaient l'habitude de faire de grands parcours dans la région.
He roamed throughout Africa.
→ Il parcourut l'Afrique.
I slipped.
→ J'ai glissé.

They sneaked out of the conference.
→ Ils quittèrent la conférence en douce / à la sauvette.
He staggered to his bed.
→ Il rejoignit son lit en titubant.
He wandered for hours in the streets.
→ Il déambula dans les rues pendant des heures.

d) Regard

The cat was watching the hole in the wall.
→ Le chat observait/surveillait le trou dans le mur.
He peered at the remote armies.
→ Il scruta les armées au loin.
She didn't even glance at the invitation card.
→ Elle n'a même pas jeté un coup d'œil au carton d'invitation.
Matthew spent his afternoons gazing at the beauty of the landscape.
→ Matthew passa ses après-midi à contempler la beauté du paysage.
Don't peep through the keyhole !
→ N'espionnez pas par le trou de serrure !
The audience was gaping at the place where the magician had disappeared from.
→ Le public regardait, bouche bée, l'endroit où le magicien avait disparu.
Don't stare at people !
→ Ne fixe pas les gens du regard. Ne dévisage pas les gens !
Don't lie to me, I saw her wink.
→ Ne me mens pas, je l'ai vue te faire un clin d'œil.
The teacher glared at us and left.
→ Le professeur nous regarda avec colère et s'en alla.
The poor boy was squinting.
→ Le malheureux louchait.

7

Entraînement niveau 1 : 16 versions

Dans toutes les versions de ce chapitre, les difficultés sont soulignées et commentées. Il vous est conseillé de ne pas regarder le corrigé avant d'avoir bien compris en quoi les points signalés posent problème. Les textes sont tous tirés des concours récents de grandes écoles.

I. Versions littéraires

1) Traduisez

So[1] she had almost a whole year[2] of the company of her peers and along with them[3] learned to spell and count. She was seven, and those[4] two hours in the afternoon were precious to her. Especially so[5] because she had done it[6] on her own and was pleased

1. Liaison avec une partie du texte inconnue. Il faut maintenir cette liaison en français → Ainsi/Elle passa donc...
2. Traduction du verbe *had* → elle passa presque une année entière...
3. Préposition. *Along* n'a pas toujours un sens lié au mouvement ou au déplacement. *Along with* = *together with* → avec.
4. Démonstratif. On peut choisir de marquer l'éloignement temporel → ces deux heures-là... Cf. chap. 1 . II . d.
5. Ellipse à étoffer → Elles lui étaient particulièrement précieuses parce que...
6. Verbe *do* à enrichir → elle y était arrivée.

and surprised by the pleasure and surprise[1] it created in[2] her mother and her brothers. For a nickel[3] a month, Lady Jones did what white people thought unnecessary[4] if not[5] illegal : crowded[6] her little parlor[7] with the colored children who had time for and interest in book learning[8]. The nickel, tied to a handkerchief knot, tied[9] to her[10] belt, that[11] she carried to Lady Jones, thrilled her. The effort to handle chalk expertly and avoid the scream[12] it would make ; the capital[13] *w,* the little *i,* the beauty of the letters in her name, the deeply mournful[14] sentences from the Bible Lady Jones used as a textbook.

Toni Morrison, *Beloved.*

2) Traduisez

'I'm in New Orleans,' she said. 'And I assume[15] you want me to meet with you[16], and become close friends, then come[17] in, as

1. Syntaxe. Il semble évident que la répétition de *pleasure* et *surprise* est intentionnelle, on la conservera donc en français.
2. Préposition. *In* a ici le sens de → chez (sa mère).
3. Lexique. *Nickel* est une pièce de monnaie américaine de 5 cents. On adaptera en respectant l'idée de maigre somme qui correspond à cette expression : 5 centimes.
4. Étoffement. *Think* et *consider* sont directement suivis d'un adjectif, ce qui n'est pas le cas de leurs traductions → considéraient comme inutile.
5. Modulation. À traduire par une forme affirmative → voire.
6. Transposition. L'idée de *crowded* peut se rendre en transposant partiellement ce verbe vers une locution → remplir par la foule de.
7. Faux ami. *Parlor* est ici un petit salon, et non un parloir.
8. Modulation. On utilisera un terme plus abstrait → l'instruction.
9. Par souci de clarté on étoffera par un pronom → lui-même attaché...
10. Possessif. Traduction inutile → à la ceinture. Cf. chap. 1 . III . b.
11. Comme à la n. 9 ci-dessus, on étoffera par souci de clarté → et qu'elle apportait...
12. Transposition → éviter de la faire crisser.
13. Faux ami → majuscule.
14. Transposer → la profonde tristesse / mélancolie des phrases.
15. Faux ami. *To assume* = *to presume* → supposer/présumer. *An assumption* → une présomption.
16. Voix pronominale en français. *To meet* (intransitif) → se rencontrer, cf. chap. 3 . IV . a.
17. Conjugaisons. Il ne s'agit pas d'un impératif mais d'un infinitif (à associer à *meet, become, trust*).

you say, and trust you guys[1] to protect me forever.' 'That's correct. You'll be dead in a matter of days[2] if you don't.'

'Get right to the point[3], don't you[4] ?'

'Yes[5]. You're playing games[6] and you don't know what you're doing.' 'Who's after[7] me, Gavin ?'

'Could be[8] a number of[9] people.'

John Grisham, *The Pelican Brief*, 1993.

3) Traduisez

McVey stared[10] at her but said nothing. Lebrun did the same[11]. They were waiting for her to continue.

'I left[12] him at the Gare Montparnasse about four this afternoon. I shouldn't have, but he would[13] have it no other way.'

'Where was he going ?' McVey asked. Vera shook her head[14].

'You don't know that either.'

1. Expression informelle (USA) : Pronom + nom. *You guys* → Vous, les mecs. S'utilise aussi pour les insultes : *You bastard !* → Espèce de salaud !

2. Quantité indéfinie. *It's a matter of days* → C'est une question de jours.

3. Modulation affirmative/négative → Vous ne mâchez pas vos mots. Cf. chap. 5.II.a.

4. *Tag*. Reprend un sujet sous-entendu *(you always) get right to the point, don't you ?*

5. Modulation. Tenir compte de la modulation précédente et traduire par → non.

6. Mot à mot impossible (? vous jouez), il faut adapter en restant sur l'idée de jeu : vous n'êtes qu'un pion.

7. Prépositions. *To be after someone* → courir après quelqu'un / en avoir après quelqu'un.

8. Ellipse : *(There) could be...*

9. Étoffement → un certain nombre de...

10. Lexique. Vocabulaire sur le regard. Cf. chap. 6.IV.d.

11. Syntaxe → fit de même / l'imita.

12. Faux sens à éviter : * je l'ai laissé. *To leave* se traduit aussi par : quitter, abandonner.

13. Modaux. *Would* a ici son sens fort (volonté) → il refusait de faire autrement. Cf. chap. 3.VII.g.

14. Expression idiomatique. *To shake one's head* → faire non de la tête, *to nod* → aquiescer. Ici le personnage ne dit pas non mais fait comprendre qu'elle ne sait pas → Vera fit un signe négatif de la tête.

'I'm sorry. I told you he was concerned[1] about me. He didn't want me involved[2] any more than I already was.'

Allan Folsom, *The Day After Tomorrow*, 1994.

4) Traduisez

'I shall[3] talk to you about what it's[4] really like doing an agent's job in France. Some background[5] on French attitudes and politics[6]. A run-down[7] on General de Gaulle's organisation. Finally you will go through[8] tough interrogation[9] sequences[10] and you will be told[11] how we expect you to behave if you are caught, and how best[12] to resist interrogation. 'Your evenings will be free[13] and there will be cars going into Southampton every night.'

Ted Allbeury, *As Time Goes by*, 1994.

1. Faux ami. *To feel concerned* → se faire du souci. Cf. chap. 6.I.b.
2. Passif. *To want* + nom + participe passé se traduit par un infinitif (il ne voulait pas me voir impliquée) ou par une subordonnée conjonctive (il ne voulait pas que je sois impliquée).
3. Modaux. *Shall* renforce le caractère un peu officiel de l'entretien → Je dois vous parler de...
4. Transpositions. La structure préposition + mot en *wh* est un problème classique de traduction car le mot à mot ne passe pas. La solution consiste à transposer *really* → Je dois vous parler de la réalité du métier d'agent secret.
5. Lexique. *Background* peut prendre de nombreux sens, ici → détails, topo.
6. Lexique. *Politics* signifie ici les milieux politiques (sens concret).
7. Lexique. *To give a run-down* (ou *rundown*) → mettre au courant.
8. Lexique. *To go through* → subir / faire l'expérience de / connaître.
9. Faux-ami partiel. *Interrogation* → interrogatoire/interrogation, *to question* → remettre en question / mettre en doute / interroger (police), *to demand* → exiger, *a test* → une interrogation (scolaire), *an issue / a topic* → une question / un sujet / un problème.
10. Faux ami partiel. Ici, *sequence* → phases.
11. Passif à deux compléments. Cf. chap. 4.I.d.
12. Adverbe → au mieux. Cf. chap. 2.II.c.
13. Syntaxe. Remettre un verbe actif en français → Vous aurez vos soirées de libres.

5) Traduisez

'Are you sure she didn't tell *you*[1] to go ?' the doctor said.

'I wish she had[2]. I'd be in a better position now. No, it was me. I didn't want to leave, but I couldn't stay. Somebody had to take the initiative. I did.'

Pushing aside in advance all the objections that his son would make, the doctor said, 'Why did you lose your job with Rojax ?'

'I didn't, I've told you.'

'You're lying. You wouldn't have ended the connection[3]. You need the money too badly[4]. But you must have got[5] into trouble.'

Saul Bellow, *Seize the Day.*

6) Traduisez

'I wish you'd[6] tell me how old you are[7].'

'Twenty-two', she said, meeting[8] his eyes[9] gravely. 'How old did you think ?'

'About eighteen.'

'I'm going to start being that[10]. I don't like being twenty-two. I hate[11] it more than anything in the world.'

'Being[12] twenty-two ?'

1. Forme d'insistance. Le *you* serait accentué à l'oral, il faut donc essayer de rendre cet effet par un étoffement → ce n'est pas à toi que...
2. Conjugaison. Ici, le *past perfect* se traduit par un subjonctif → je regrette qu'elle ne l'ait pas fait. Cf. chap. 3 . II . c.
3. Faux ami partiel. *Connection* (ou *connexion*) peut se traduire par jonction/connexion, rapport/lien, clientèle, parenté, filière (domaine policier ou judiciaire). Ici on préférera utiliser une modulation : couper les ponts.
4. Faux ami partiel. *Badly* → trop, grandement, sérieusement, furieusement.
5. Modal. Probabilité au passé. Cf. chap. 3 . VII . b.
6. Modal. Il s'agit de *would* (et non de *had*) qui ajoute une notion de volonté → je voudrais bien que tu me dises...
7. Transposition. *How* + adjectif peut parfaitement se transposer en groupe nominal. *How high* → quelle hauteur, etc. Cf. chap. 5 . I . b.
8. Verbe en *-ing*. Il est préférable de le conjuguer pour alléger le style : *meeting* → croisa.
9. Modulation. *Eyes* → regard. Cf. chap. 5 . II . c.
10. Pronom démonstratif. La difficulté est qu'il reprend un âge *(eighteen)* ce qui ne permet pas de le traduire par cela. Il vaut mieux étoffer → cet âge-là.
11. Syntaxe. Penser à la tournure française : c'est ce que.
12. Verbe *be* à traduire par avoir. Cf. chap. 3 . V . a.

'No. Getting[1] old and everything[2]. Getting[3] married.'

'Don't you ever[4] want to marry ?'

'I don't want to have responsibility and a lot of[5] children to take care of.'

F. Scott Fitzgerald, *The Beautiful and Damned.*

7) Traduisez

Alessia was looking very frail indeed[6]. I went down on my[7] knees by[8] her chair and put my arms protectively around her.

'You could[9] wait in another room.' I said. 'Watch television. Read a book[10].'

'You know I can't.'

'I'm sorry about all this[11].'

She gave me a rapid glance[12]. 'You tried to get me to go[13] home to[14] Popsy. It's my own fault I'm here[15]. I'm all right. I won't be a nuisance[16], I promise.' She swallowed[17]. 'It's all so odd[18] to see it from the other side[19].'

Dick Francis, *The Danger.*

1. Verbe en *-ing*. Traduction par un infinitif → avoir 22 ans. Cf. chap. 3 . III.
2. Expression idiomatique → et tout le reste.
3. Syntaxe. Penser à la voix pronominale → se marier. Cf. chap. 3 . IV . a.
4. Adverbe. *Ever* → jamais (remplace *never* quand la négation est déjà exprimée).
5. Ellipse. Il vaut mieux étoffer → et avoir...
6. Adverbe. *Indeed* a deux sens principaux → effectivement, extrêmement / vraiment très. Ici c'est le deuxième sens qu'il faut retenir car l'on ne dispose pas de renseignements sur ce qui s'est dit auparavant.
7. Possessif non traduit → à genoux. Cf. chap. 1 . III . b.
8. Préposition. *By* → à côté de / près de.
9. Modal. Se rappeler que *could* est aussi un conditionnel → tu pourrais aussi...
10. Conjugaison. Il ne s'agit pas d'impératifs, mais de deux verbes associés à *wait* dans la phrase précédente. À traduire donc par des infinitifs.
11. Pronom démonstratif. Éviter la traduction par ceci ou cela. Cf. chap. 1 . II . a.
12. Lexique. Cf. le vocabulaire lié au regard, chap. 6 . IV . f.
13. Verbe. *get me to* = *make me* (faire faire). Cf. chap. 3 . IX . a.
14. Préposition. Il faut étoffer → pour retrouver Popsy. Cf. chap. 5 . III . b.
15. Ellipse. *It's my own fault (if) I'm here.*
16. Faux ami partiel. *To be a nuisance* → déranger, embêter. *What a nuisance !* → Quelle barbe ! Cf. chap. 6 . I . b.
17. Étoffement → elle avala sa salive.
18. Lexique. *Odd* est un adjectif qui peut prendre de nombreux sens : bizarre/curieux/étrange/anormal, impair (chiffre), occasionnel (travail). Ici il s'agit du premier sens → bizarre.
19. Étoffer → de l'autre côté de la barrière.

8) Traduisez

'I say[1], Patton,' he whispered, 'I'm sure we're being[2] watched. There's a Frenchman[3] on the corner and I swear I've seen him before somewhere.'

'Where ?' asked Glodstone.

'I don't know. He just looks[4] like someone I know.'

'I don't mean that[5],' said Glodstone, 'I mean[6] where is he now ?'

'He's gone,' said Patton, 'but he's been hanging about[7] all day.' 'Good,' said Glodstone. 'Tonight we'll be followed[8] and so we'll go armed.'

Tom Sharp.

II. *Versions journalistiques*

9) Traduisez

After the pomp of the jobs summit[9], it is clear that Europe remains intent on[10] plunging into economic and monetary union without the labour market flexibility crucial[11] for its success. Without that flexibility, national economies that lack[12] indepen-

1. Expression idiomatique. *I say* → Dites voir, dites donc.
2. Verbe en *-ing*. Il s'agit d'une voix passive que l'on traduira par le pronom indéfini → on est en train de nous surveiller.
3. Orthographe. La majuscule est conservée car il s'agit de la personne et non de la langue. Cf. chap. 6 . III . f.
4. Syntaxe. Éviter le calque → * il ressemble juste.
5. Pronom démonstratif. Cf. chap. 1 . II.
6. Syntaxe. Éviter la répétition de *mean* en français.
7. *Phrasal verb. To hang around / about* → traîner (dans le coin).
8. Passif. Cf. chap. 4 . I . a.
9. Nom composé. Le premier nom qualifie le second → le sommet sur l'emploi. Cf. chap. 1 . VI . b.
10. Faux ami. Ne pas confondre *to intend to* → avoir l'intention de, et *intent on* → résolu à.
11. Syntaxe. Étoffer l'adjectif → élément crucial de...
12. Syntaxe. Ce verbe est transitif direct en anglais, pas en français : *to lack something* → manquer de quelque chose.

dent monetary policies[1] will be unable to adjust to[2] asymmetric shocks without further[3] unemployment. Proponents[4] of EMU would have it that[5] this is a justifiable risk for achieving[6] a grand vision.

Financial Times, November 22/23, 1997.

10) Traduisez

The fire which brought the Channel tunnel to a temporary standstill[7] this week has revived fears that travelling through[8] long tunnels, particularly under the sea, is inherently[9] dangerous.

After a series of delays in its[10] opening, rail services between the UK and France have grown strongly[11] over the past 2 1/2 years, and the tunnel now accounts for[12] about 40 per cent of all Dover-Calais traffic[13].

But this week's events are a setback[14] for the tunnel's operators.

Charles Batchelor, *Financial Times*,
Weekend November 23rd/24th, 1996.

1. Lexique. Ne pas confondre : *politics* → la politique (au sens abstrait), *a policy* → une politique (un programme).
2. Syntaxe. Remettre ce verbe à la voix pronominale → s'ajuster à / s'adapter à.
3. Lexique. *Further* → plus loin (sens concret et abstrait), supplémentaire, autres *(no further questions)*.
4. Lexique. *Proponents = supporters = advocates* → partisans.
5. Expression idiomatique. *Rumour has it that* → la rumeur veut que... Ici → soutenir, maintenir.
6. Faux ami. *To achieve* → réaliser, réussir. Achever → *to complete*. Cf. chap. 6.I.a.
7. Expression idiomatique. *To bring to a standstill* → provoquer l'arrêt.
8. Verbe + préposition. La préposition donne le sens de l'action → traverser. Cf. chap. 4.III.a.
9. Adverbe. Pas d'adverbe correspondant en français, il faut étoffer → de façon inhérente, ou transposer en adjectif. Cf. chap. 2.I.d.
10. Possessif. Le nom qui se rapporte à cet adjectif est situé plus loin *(the tunnel)*, il faudra donc traduire *its opening* par → l'inauguration du tunnel.
11. Adverbe. Pas d'adverbe correspondant en français, il vaut mieux transposer l'ensemble : *have grown strongly* → ont connu une forte croissance.
12. Lexique. *Account for* → représenter (quantitativement), expliquer (être la cause de).
13. Franglais. On évitera la traduction maladroite → trafic (à réserver au trafic de drogue).
14. Lexique. *Setback* → inconvénient, revers.

11) Traduisez

America's come-back[1] as No. 1 in the world economy is increasingly[2] obvious. Numerous surveys put the United States ahead of Japan and Germany as the world's most competitive nation.

But most Americans are unaware of just how big a lead[3] they are opening up[4] over their Asian and European rivals in the race to compete in the global economy[5] of the 21st century.

International Herald Tribune, November 14, 1995.

12) Traduisez

When both spouses[6] enjoy satisfying careers, which one takes precedence[7] ?

According to Government statistics[8], husband-and-wife wage earners make up 56% of American marriages[9]. Not surprisingly[10],

1. Franglais. On évitera évidemment de reprendre ce terme tel quel. *The come-back* → le retour.
2. Adverbe. Pas d'adverbe correspondant en français, mais une expression idiomatique bien pratique : *increasingly* → de plus en plus.
3. Syntaxe. *Unaware of how big a lead* ne peut se reprendre mot à mot. Transposer l'adjectif *big* et le nom *lead* → ignorent à quel point.
4. *Phrasal verb*. Ce terme vient du sport : *the match opened up* → la rencontre s'anima. La difficulté ici vient du fait que l'expression est combinée avec *a lead*. Pour la comprendre, il faut la remettre à l'endroit : *they are opening up a big lead over their rivals*. En tenant compte de l'image sportive, on pourra traduire par → ils attaquent d'emblée cette compétition avec une solide avance.
5. Franglais. On se méfiera de ce terme qui, dans la plupart des contextes, signifie mondial, planétaire. Cf. chap. 6.I.b.
6. Lexique. Contrairement à ce que l'on pourrait penser, ce terme désigne aussi bien l'époux que l'épouse. On pourra aussi le traduire par → conjoints.
7. Lexique. Éviter le langage trop formalisé → être prioritaire.
8. Transposition. L'adjectif *governmental* existe, mais l'anglais préfère souvent utiliser *government* pour indiquer la source des informations données. On transposera par → des statistiques gouvernementales/officielles.
9. Syntaxe. Il est difficile de conserver la syntaxe de cette phrase, notamment en raison du mot composé : *husband-and-wife wage earners*. On préférera faire passer *marriages* devant → dans 56 % des mariages...
10. Adverbe. Pas d'adverbe correspondant en français, il faut donc transposer → Il n'est pas surprenant que... Cf. chap. 2.I.d.

some traditional[1] expectations are giving way to[2] new realities. It is now the dutiful[3] husband who may find himself resisting[4] the prospect of following his wife's career to a new city. Women, for their part[5], are no longer as willing to[6] provide unquestioning – and unpaid – support[7] for their spouses'[8] career ambitions.

Time, November 16, 1987.

13) Traduisez

A crusade calls for[9] a cause. Liberals[10] in the 1960s campaigned for civil rights[11] or against the Vietnam war. Many conservatives[12], though by no means[13] all, believe that their attempt to

1. Orthographe. Penser au doublement de la consonne en français → traditionnel. Cf. chap. 6.III.b.
2. Expression idiomatique. *To give way to* → céder le pas / ne pas tenir face à.
3. Adjectif. Vient de *duty* → devoir. *Dutiful* → dévoué.
4. Verbe en *-ing*. Cette construction se traduit par → être amené à / se retrouver forcé de.
5. Expression idiomatique. *For my part* → pour ma part / quant à moi.
6. Modal. *To be willing to* est à traduire au sens fort → être prêt à. Cf. chap. 3.VII.g.
7. Article. L'article Ø indique que le mot n'est pas dénombrable. En français, on choisira entre une traduction avec article (→ un soutien, un appui) ou une transposition (→ soutenir).
8. Accord. En français, le singulier est d'usage : chaque femme a un époux.
9. Préposition. *To call for* → demander, exiger, nécessiter. Ici, l'aspect général de l'affirmation pourrait être rendu en français → À une croisade il faut une cause.
10. Faux ami. Ce terme est un piège redoutable car il se traduit différemment selon que l'on est dans un contexte moral, politique ou économique. Ici il est clairement question de politique, mais la traduction par → Libéraux signifierait les membres du parti libéral anglais. Or, malgré la majuscule qui n'est là qu'en raison de la place du mot en tête de la phrase, il s'agit d'une famille politique beaucoup plus large → la gauche. Cf. chap. 6.I.b.
11. Lexique. Peut se traduire par droits civils ou droits civiques. Pour être précis, civil est relatif au citoyen par rapport aux autres citoyens (égalité de traitement, par exemple), alors que civique s'applique au citoyen par rapport à l'organisation de la société, des valeurs patriotiques, etc.
12. Lexique. Venant renforcer ce qui a été dit plus haut, les *conservatives* sont la famille politique opposée aux *liberals*.
13. Expression idiomatique. Retenir les expressions contenant *means*, qui sont très courantes en anglais : *by all means* → absolument, tout à fait *by no means* → absolument pas, aucunement, en aucune manière.

change the law on abortion provides them with[1] a cause that is no less[2] rousing[3] than the liberal[4] causes of 20 years ago. And so, in a way, it does[5]. Abortion is a life-and-death[6] issue[7] about which many people feel passionately[8].

The Economist, January 4th, 1986.

14) Traduisez

On the eve of[9] her sixtieth birthday, and after ten years as[10] party leader, Mrs Thatcher left the Conservative conference[11] in Blackpool amid[12] shouts from the party faithful[13] of 'ten more years'. They had to shout something, but the[14] conference offered

1. Préposition. Ce verbe est transitif indirect en anglais, mais direct en français. Pas de préposition → leur fournit une cause. Cf. chap. 4.III.a.
2. Adjectif. Ce comparatif d'infériorité négatif peut se rendre par modulation en utilisant un comparatif d'égalité à la forme affirmative, ce qui donne un français plus fluide → est aussi...
3. Lexique. *To rouse* → susciter (un sentiment d'enthousiasme).
4. Cf. n. 10, p. 116.
5. *Tag*. De la forme *so* + S + auxiliaire, ce *tag* sert à confirmer ce qui vient d'être dit, et se traduit par étoffement. Cf. chap. 3.VIII.c.
6. Étoffement. Ce nom composé mis en position d'adjectif ne peut se rendre en français → qui touche à la vie et à la mort.
7. Faux ami. *Issue* → sujet, question, problème. Issue → *exit, way out*. Cf. chap. 6.I.a.
8. Adverbe. Pas d'adverbe correspondant en français. Il faut le transposer en nom → qui soulève des passions. Cf. chap. 2.I.d.
9. Expression idiomatique. *On the eve of* → à la veille de. *Christmas Eve* → le 24 décembre.
10. Préposition. À étoffer → au poste de. Cf. chap. 4.III.a. D'une façon générale, les fonctions uniques ne prennent pas d'article indéfini en anglais *(as Prime minister, as Archbishop of Canterbury)* contrairement aux métiers *(as a teacher, as a policeman)*. Dans les deux cas, pas d'article en français. Cf. chap. 1.III.a et chap. 1.III.b.
11. Franglais. On parle de congrès d'un parti, pas de sa conférence. Cf. chap. 6.II.a.
12. Préposition. *Amid* = *amidst* = *in the midst of* → au milieu de, entouré de.
13. Adjectif substantivé. *Faithful* vient de *faith* → la foi. Si l'on garde l'image religieuse, *the faithful* → les fidèles.
14. Article. Se souvenir que *the* a très souvent le sens d'un démonstratif → ce. Cf. chap. 1.II.f.

little of substance[1] to shout about[2]. The governing[3] party usually makes the most of[4] the[5] annual gathering[6] as a glorious opportunity[7] to announce new initiatives and to offer new visions to grab[8] the headlines.

James Lewis, *The Guardiam Weekly*, October 20, 1985.

15) Traduisez

It was[9] always obvious that NATO[10] would not give way[11], and that US-Soviet arms control negotiations[12] would remain deadlocked[13], as long as the Soviet union insisted on[14] the remo-

1. Accord. *Substance* est pris dans son sens indénombrable (d'où la présence de *little*), c'est-à-dire abstrait → matière. On peut aussi transposer → guère.
2. Verbe + préposition. *To shout about* a un sens négatif (→ se plaindre) et un sens positif (→ se réjouir). C'est ce dernier sens qui correspond à la phrase anglaise, mais il n'est pas exclu que le journaliste du *Guardian* (journal de la gauche « intellectuelle » anglaise) ait joué sur les mots en soulignant l'absence de critiques lors de ce congrès.
3. Verbe en *-ing*. Ici en position d'adjectif, se traduit par étoffement et transposition → au pouvoir.
4. Expression idiomatique. *To make the most of* → tirer le maximum de, profiter au maximum de.
5. Article. Cf. n. 14, p. 117.
6. Verbe en *-ing*. Ici employé comme nom (gérondif) → la réunion, le rassemblement.
7. Franglais. Une opportunité et une occasion sont deux choses différentes. L'opportunité est le caractère opportun de quelque chose, c'est-à-dire approprié ou non à la situation dans laquelle cette chose se trouve (ex. : l'opportunité d'une loi). Une occasion est un moment particulièrement intéressant, c'est le sens de l'anglais *opportunity* → occasion, perspective, chance. Opportunité → *timeliness, appropriateness*. Cf. chap. 6.I.a. et chap. 6.II.a.
8. Lexique. *To grab* → saisir, attraper. Il est à prendre ici au sens figuré → accrocher la une.
9. Conjugaison. Se méfier des *past* qui contiennent une notion d'antériorité. En fait, ils correspondent à des *pluperfect* et doivent être traduits par des plus-que-parfait → il avait toujours été... Cf. chap. 3.II.a.
10. Sigle. Les sigles doivent être traduits par leur correspondant en français → l'OTAN.
11. Lexique. *To give way = to yield* → céder.
12. Syntaxe. Nom composé multiple comme les affectionne la presse anglo-saxonne. La traduction devra développer l'expression → les négociations américano-soviétiques sur le contrôle des armements.
13. Lexique. *Deadlocked* → bloquées.
14. Verbe + préposition. *Insist on* + nom → demander avec insistance. Ici, la syntaxe de la phrase exige de transposer ce verbe et de le combiner avec *condition* → poser comme condition préalable.

val[1] of cruise and Pershing II missiles from Europe as a condition for new talks[2].

So the Kremlin's decision to sidestep[3] this particular demand[4], after many months of refusal[5] to come to terms with[6] the NATO deployments, can unlock[7] many doors.

Hella Pick, *The Guardian Weekly*, December 2, 1984.

16) Traduisez

Machines that think[8].

Never temperamental[9], always on time, untiringly[10] efficient, Epistle[11] scans[12] the boss's mail, culls out[13] important letters and highlights significant facts before the executive[14] arrives.

Epistle is no[15] ordinary secretary. It is a robot being developed[16] by IBM – part[17] of a fast-growing[18] breed of devices that can

1. Lexique. De nombreux verbes sont substantivés avec le suffixe *-al* : *betray/betrayal, remove/removal, approve/approval, refuse/refusal, etc.*
2. Lexique. *Talks* → pourparlers.
3. Lexique. *To sidestep* → éviter, éluder / mettre de côté.
4. Faux ami. *Demand* a un sens fort → exigence. Cf. chap. 6.1.a.
5. Lexique. Voir n. 1 ci-dessus.
6. Expression idiomatique. *To come to terms with* → s'accommoder de, accepter.
7. Lexique. *Unlock* fait évidemment écho à *deadlocked* cité plus haut. On gardera cet effet en français → déblocage.
8. Titre de presse. Il faut rajouter l'article en français → Des machines qui pensent. Cf. chap. 5.III.g.
9. Lexique. Correspond au verbe *to be temperamental* → avoir des états d'âme, cas supplémentaire où *be* se traduit par avoir. Cf. chap. 3.V.a.
10. Adverbe. Pour éviter un adverbe lourd en français (infatigablement) en français, il faut transposer → infatigable.
11. Lexique. Le problème ici est que *Epistle* (→ épître) est sans doute une marque déposée. On préférera donc emprunter le terme à l'anglais plutôt que de le traduire.
12. Franglais. Il est évidemment exclu de traduire *to scan* → * scanner. On préférera → parcourir, passer en revue, balayer (du regard).
13. Lexique. *To cull out* → sélectionner, retenir.
14. Lexique. *(Senior) executive* → cadre (supérieur). S'utilise aussi en position d'adjectif : *an executive car* → une voiture de fonction. Ici, le cadre est à prendre au sens le plus large → le responsable.
15. Expression idiomatique. *She's no poet* → elle n'a rien d'un poète.
16. Verbe en *-ing* au passif. Rendre la forme *-ing* → en cours de développement. Cf. chap. 3.III.a.
17. Ponctuation. Le tiret simple corrrespond ici à une virgule. Cf. chap. 4.VII.
18. Adjectif composé. On transposera → en pleine expansion. Cf. chap. 2.III.a.

think and reason something like[1] the human brain. Eventually[2], such robots are expected to revolutionize working conditions for millions of people.

Although artificial intelligence is relatively unknown to the general public[3], it is regarded as one of the most promising technological[4] developments in decades[5]. Many industrialists believe mastery of the field is a key to[6] national prosperity. It is no accident that America and Japan are locked in[7] a struggle for early domination of the[8] market.

US News and World Report, December 5, 1983.

1. Expression idiomatique. *Something like = a little like* → un peu comme.
2. Faux ami. Préférer la transposition par un verbe → finir par. Cf. chap. 6 . I . a.
3. Modulation. Le point de vue français est différent : *general public* → grand public.
4. Franglais. Technologique fait allusion à la technologie, c'est-à-dire l'étude et l'enseignement des techniques. Ici, *technology* → la technique. Cf. chap. 6 . II . a.
5. Faux ami. *A decade* → une décennie (beaucoup plus rarement une décade). Une décade → *a period of 10 days.* Cf. chap. 6 . 1 . a.
6. Expression idiomatique. *A key to* → une clef de, une manière d'accéder à.
7. Lexique. Il faut traduire ce verbe en tenant compte du complément qui le suit → luttent inexorablement.
8. Article. Le marché en question ayant déjà été évoqué plus haut, on donnera à cet article la puissance du démonstratif → ce marché. Cf. chap. 1 . II . f.

8

Entraînement niveau 2 : 26 versions

Tous les textes qui suivent sont également tirés des concours des grandes écoles, mais ils sont de niveau supérieur aux précédents. Les points qui peuvent poser problème ont été soulignés, et un indice grammatical est donné afin de se reporter aux chapitres de cet ouvrage.

I. Versions littéraires

a) Version 17

'Mr Edison,' I said, 'do you mean to tell me that dogs are smarter than people ?'

'Smarter ?' said Edison. 'I'll tell the world (1) ! And what have I been doing for the past year ? Slaving to work out (2) a light bulb so dogs can play at night !'

'Look (3), Mr Edison,' said Sparky, 'Why not –'

'Hold on (4) !' roared Bullard. 'Silence !' shouted the stranger, triumphantly (5). 'Look, Mr Edison,' said Sparky, 'why not keep quiet about this ? It's been working out to everybody's satisfaction for hundreds of thousands of years.'

Kurt Vonnegut Jr, *Tom Edison's Shaggy Dog*, Penguin Books, 1988.

Indices

(1) Expression idiomatique.
(2) Traduction croisée, cf. chap. 4.III.
(3) Modulation, cf. chap. 5.II.e.
(4) Modulation, cf. chap. 5.II.e.
(5) Étoffement, cf. chap. 5.III.c.

b) Version 18

'I'll not go,' she said. 'And I won't (1) let there be a fuss.'

'You can go as far as I'm concerned,' said Mrs Thomlinson. 'Tell them that (2).'

'I know that (2), Mother. I'll tell them that (2).'

'In fact,' said Mrs Thomlinson, happily, 'I'm just about prepared to insist that you go (3). You need a change. I do insist.'

'I appreciate it.'

'I'm very annoyed (4) in some respects,' she continued (5) boldly, 'in some respects very annoyed that you aren't going. I'm quite up to it, you know.'

Melvyn Bragg, *Crystal Rooms*, 1992.

Indices

(1) Modaux, cf. chap. 3.VII.g.
(2) Démonstratifs, cf. chap. 1.II.d.
(3) Subjonctif (= that you should go), cf. chap. 3.VII.f.
(4) Faux amis, cf. chap. 6.I.a.
(5) Inversion, cf. chap. 4.II.b.

c) Version 19

Fairly soon Suzanne had discovered that she had married two men. One was Errol fronting himself to (1) the world, or in pursuit of a woman, or entertaining (2) guests, or joking (3) with his daughter ; the other was the man at home, where (3) he was untalkative, indrawn, buried in his photography, moroseness never far away. The life he wanted to live was clearly (4) that in which he promoted and projected himself, but this could only be maintained part of the time : then the batteries switched off (5).

Winston Graham, *Stephanie*,
Chapmans Publishers Ltd, 1992.

Indices

(1) Traduction croisée, cf. chap. 4.III.a.
(2) Verbe en *-ing,* cf. chap. 3.III.a.
(3) Étoffement, cf. chap. 5.III.f.
(4) Étoffement, cf. chap. 5.III.c.
(5) Voix pronominale, cf. chap. 3.IV.a.

d) Version 20

'Have I got this (1) straight ? You believe one of your chaps may be collecting pay-offs from villains, and you want me to find out ?'

'That's it,' he said. 'Exactly.'

I thought it over (2). 'Why don't you do the investigating yourselves ? Just detail another of your chaps.'

'Ah. Yes.' He cleared his (3) throat. 'But there are difficulties. If I am wrong, I cannot afford to have it known (4) that I was suspicious. It would cause a great, a very great deal of trouble. And if I am right, which I fear I am, we... that is, the Jockey Club... would want to be able to deal with things quietly. A public scandal involving the Security Service would be very damaging to racing.'

I thought he was perhaps putting it a bit high, but he wasn't.

Dick Francis, *Whip Hand*, 1979.

Indices

(1) Démonstratif + étoffement.
(2) *Phrasal verb.*
(3) Possessif. Cf. chap. 1.III.b.
(4) Forme passive causative. Cf. chap. 3.IX.b.

e) Version 21

I woke early after an uneasy night and lay watching the dingy November dawn creep through the window. There was a good deal about life that I didn't want to get up and face ; a situation common, no doubt, to the bulk of mankind. Wouldn't it be marvellous, I thought dimly, to be pleased with oneself, to look forward to the day ahead, to not have to think about mean-minded (1) dying grand-mothers and one's own depressing dishonesty. Normally fairly happy-go-lucky, a taking-things-as-they-come sort of person (2), I disliked being backed into uncomfortable corners from which escape (3) meant action (4).

Dick Francis, *Reflex*, 1980.

Indices

(1) Adjectif composé. Cf. chap. 2.III.a.
(2) Mot composé multiple, à étoffer.
(3) Article. Cf. chap. 1.I.b.
(4) Voir (3) ci-dessus.

f) Version 22

He considered the page before him. The waitress brought his meal, all on one tray, and he drank his mixed vegetable juice absently, as he pondered. He was deep in (1) his problem as he attacked the hamburger and vegetables, but he reflected momentarily that with onions he should have ordered a glass of milk, to kill the smell on his breath ; still, he was not going anywhere (2) that evening, and there was no need to consider (3) himself ; he liked the smell of onion. But he pulled himself up sharply : that was slovenly (4) thinking and slovenly living ; a gentleman (5), his mother had often said, was a man who used a butter knife even when alone (6).

Robertson Davies, *The Salterton Trilogy*, 1980.

Indices

(1) Préposition à transposer en verbe.
(2) Double négation en français. Cf. chap. 4.IV.a.
(3) Lexique. Traduire différemment du premier *consider*.

(4) Adjectif.
(5) Emprunt possible.
(6) Préposition à étoffer. Cf. chap. 4.III.a.

g) Version 23

Vinnie not only disagrees, she secretly pities those of (1) her friends and colleagues who claim to have rejected England, since it is clear to her that in truth England has rejected them. The chill they complain of is a matter of style. Englishmen do not open their (2) arms and hearts to every casual passerby, just as English lawns do not flow into the lawns next door. Rather, they conceal themselves behind high brick walls and dense prickly (3) hedges, turning their coolest and most formal side to strangers. Only those who have been inside know how warm and cosy (4) it can be there.

Alison Lurie, *Foreign Affairs*, 1985.

Indices

(1) Démonstratif. Cf. chap. 1.II.d.
(2) Possessif. Cf. chap. 1.III.b.
(3) Adjectif.
(4) Structure *how* + adjectif. Transposition conseillée. Cf. chap. 5.I.b.

h) Version 24

'You don't smoke, Bailey ?'
'No, sir.'
'Drink ?'
'Oh yes, sir ; I like a drink (1).'
'Well, what's your poison ?'
'Whisky as a rule, and neat.'
'Like (2) one now ?' He pointed across the room.
'There's a bottle in that cabinet there.'
'If you don't mind, sir, I won't at the moment. I try not to when I'm drivin'and especially when I've got five passengers.'
'Well, yes, you're right. I see your point. There'll be tea in shortly. Ah now. Well' – he sighed – 'I'd better get down to (3)

the reason I asked you here (4) today. First of all, mind, I wish it was (5) to say that you've got the contract, I do really, yes I do, but that remains to be seen. I never thought there'd be so many firms interested in it ; but of course it's a concern that will take some long time.'

Catherine Cookson, *Bill Bailey's Lot*, 1987.

Indices

(1) Sens général. Étoffer.
(2) Ellipse, à étoffer.
(3) *Phrasal verb* + préposition.
(4) Ellipse à étoffer.
(5) *Past*. Cf. chap. 3.II.a.

i) Version 25

MARION : This really is a simply loathsome (1) little house. I mean, how can people live in them. I mean, Geoff, you're an (2) architect, you must (3) be able to tell me. How do people come to design these sort of monstrosities in the first place, let alone persuade people to live in them ?

GEOFFREY : Well...

MARION : Oh, God. Now he's going to tell me he designed it.

GEOFFREY : No, I didn't do it. They're designed like this mainly because of cost and people who are desperate for somewhere to live aren't particularly choosey (4).

MARION : Oh, come. Nobody can be this desperate (5).

GEOFFREY : You'd be surprised.

Alan Ayckbourn, *Absurd Person Singular*.

Indices

(1) Adjectif en *-some*. Cf. chap. 2.I.e.
(2) Article devant une profession. Cf. chap. 1.I.a.
(3) Probabilité. Cf. chap. 3.VII.b.
(4) = *choosy*.
(5) Démonstratif + adjectif. Cf. chap. 1.II.e.

j) Version 26

'Robert's away (1),' she said. 'He had to go to Singapore for the night.'

Perhaps he thought his visit called for some explanation, for he said : 'I'm sorry. I felt rather lonely tonight, so I thought I'd just come (2) along and see how you were getting on (3).'

'How on earth did you come ? I never heard a car.'

'I left it (4) down the road, I thought you might be both in bed asleep.'

This was natural enough.

Somerset Maugham, *The Letter.*

Indices

(1) *Phrasal verb.* Étoffer. Cf. chap. 3.VI.b.
(2) Conjugaison : traduction par l'infinitif conseillée.
(3) *Phrasal verb.* Cf. chap. 3.VI.h.
(4) Accord féminin.

k) Version 27

'You're very secretive,' Edna said.

'No, I'm not. There's nothing to tell.'

'You've never even told me his name, let alone anything about him.'

'Edna, pass that folder from the shelf there, will you (1) ?'

'I suppose I'm interrupting your work ?'

'Yes. But I don't mind talking if you'll make do with (2) half (3) my attention.'

'As a matter of fact,' Edna said, playing with the curtain at the window, 'I happen to know his name is Jim.'

Mary E. Pearce.

Indices

(1) Modal, demande polie.
(2) Expression idiomatique.
(3) Article à réinsérer.

l) Version 28

'You aren't going already ?' said Rain. 'Do (1) stay and talk to me. Miss Handforth, I wonder if – some tea ? It's about tea-time anyway, isn't it ? I don't want to bother you. Or perhaps just some milk and cakes if there are any ?'

Miss Handforth said nothing.

'I'm afraid we have (2) to go at once,' said Felicity. 'I'm so sorry. We're expected (3) at home and we're late already. We just called to bring the flowers.'

'How very dear of you,' said Rain. 'You *have* (4) made me glad. Thank you so much. I hope we shall (5) meet again soon.'

Iris Murdoch.

Indices

(1) Forme d'insistance.
(2) Conjugaison. Traduire par un subjonctif.
(3) Forme passive. Cf. chap. 4.I.a.
(4) Forme d'insistance. Étoffer par un adverbe.
(5) Futur de style soutenu. Cf. chap. 3.VII.e. et chap. 3.II.d.

m) Version 29

He stiffened abruptly and leaned forward on the desk.

'Oh yes.' His voice was casual, in contrast to his attitude. (...) 'The girl is sure of that, is she (1) ?... Oh, I see, Oh, well, that fixes that (2). Thanks very much indeed all the same.'

'Well, at least we know where we stand. (...) Just a theory (3), that's all... Have to think again (4), won't we ? Well, thanks very much. Very kind, keep it under your hat (5)... cheerio.' He rang off (6) and tore the page from the pad...

John Le Carré, *Call for the Dead.*

Indices

(1) *Tag.* Cf. chap. 3.VIII.a.
(2) Démonstratif. Cf. chap. 1.II.a. et chap. 1.II.a.

(3) Ellipse. À étoffer.
(4) Ellipse. À étoffer.
(5) Expression idiomatique.
(6) *Phrasal verb*. Cf. chap. 3.VI.g.

II. *Versions journalistiques*

a) Version 30

There has been uproar (1) on both sides of the Atlantic over the trial of Louise Woodward, the British au pair convicted last week of murdering a baby, though (2) for entirely different reasons. In the United States, where millions of working women are desperate (3) to find affordable child care and feel ambivalent about leaving their children with someone else, Ms Woodward's trial has understandably (4) raised emotional and troubling issues (5). But in Britain the reaction has been reprehensible. What the trial has demonstrated is the blind chauvinism (6) of many in the British media.

The Economist, November 8, 1997.

Indices

(1) Article à rajouter. Cf. chap. 1.I.b.
(2) Étoffer.
(3) Faux ami.
(4) Adverbe en *-ly* à transposer et étoffer. Cf. chap. 2.I.d.
(5) Faux ami. Cf. chap. 6.I.a.
(6) Faux ami partiel. Cf. chap. 6.I.b.

b) Version 31

The social trends that have inspired bleak predictions about the future of the American family, including high divorce rates and out-of-wedlock (1) births, are showing signs of stabilizing.

Experts (2) are careful not to minimize the problems of single-parent families (3), particularly their increased incidence on poverty. But they note that the frequent focus on these households by politicians, advocates and the news media has overshadowed (4) the fact that the majority of the nation's children are living in two-parent homes.

International Herald Tribune, November 28, 1996.

Indices

(1) Mot composé placé en position d'adjectif.
(2) Article à rajouter. Cf. chap. 1.I.b.
(3) Modulation. Traduire par un terme abstrait. Cf. chap. 5.II.b.
(4) Étoffer.

c) Version 32

There are plenty of clues as to (1) what is happening. Already, more than 50 percent of American workers are officially classified as 'knowledge' workers.

Information flows and the products needed to carry them have become the largest single sources of US foreign currency income, and 85 percent of the digital (2) information in international trade originates in the United States.

America's technological lead is giving it a competitive advantage on a broad front. Software has begun to replace machines and robots as the dominant element in manufacturing.

International Herald Tribune, November 14, 1995.

Indices

(1) Préposition à étoffer. Cf. chap. 5.I.c.
(2) Franglais à éviter. Cf. chap. 6.II.a.

d) Version 33

But the argument (1) over oil and great power influence in one of the traditional arenas of the Great Game remained an ominous undercurrent at the summit, as Mr Clinton and Mr Yeltsin publicly toasted one another (2) with grins and hugs and signed trade deals.

The good personal relationship between the two big and burly (3) men helped underscore the way that old summits have given way to a more conventional bilateral relationship. The cold war is over, but US-Russian relations are not yet quite enjoying the 'warm peace' to which Mr Clinton aspires. On the White House lawn, Mr Yeltsin caught the new edginess behind the rhetoric of US-Russian friendship, by describing America as 'a strong partner, and not an easy one to deal with – just like Russia.'

Guardian Weekly, October 9, 1994.

Indices

(1) Faux ami partiel. Cf. chap. 6.I.b.
(2) Forme résultative. Cf. chap. 3.X.a.
(3) Adjectif.

e) Version 34

International peace efforts in Bosnia, of which so many have come to grief (1), are understandably (2) greeted with increasing scepticism. But the latest initiative of the European Union has the merit of once more directly involving governments in the negociations, instead of putting all the bonus on the two international negotiators, Lord Owen and Mr Stoltenberg. That (3) might (4) just give the whole exercise more weight, particularly since US and Soviet representatives have been asked to join the Twelve in the talks due to start in Geneva on Monday.

The proposal agreed by the EU foreign ministers this week seeks to adopt a hard-headed (5) approach (6), which is a far cry from (7) the abortive Vance-Owen plan with its emphasis on an equitable division of the three ethnic (8) communities into provinces within a unitary Bosnian state.

Financial Times, November 25, 1993.

Indices

(1) Faux ami. Cf. chap. 6.I.a.
(2) Adverbe en *-ly* à transposer. Cf. chap. 2.I.d.

(3) Démonstratif à étoffer. Cf. chap. 1.II.
(4) Modal. Probabilité. Cf. chap. 3.VII.c.
(5) Adjectif composé. Cf. chap. 2.III.a.
(6) Faux ami partiel. Cf. chap. 6.I.b.
(7) Expression idiomatique.
(8) Orthographe.

f) Version 35

People out of work (1) for a year may have their state benefits (2) cut under measures to be announced by Gillian Shephard, the employment secretary. They will lose all or part of their social security benefits (3) if they refuse to attend (4) new week-long courses aimed at helping them to find work or a place on a government (5) training scheme.

Yesterday, the Labour party attacked the move as another step towards an American-style system, under which the able-bodied (6) jobless must work on community projects to receive benefits (7).

Andrew Grice, *The Sunday Times*, November 14, 1992.

Indices

(1) Étoffer.
(2) Faux ami partiel. Cf. chap. 6.I.b.
(3) Cf. (2) ci-dessus.
(4) Faux ami. Cf. chap. 6.I.a.
(5) Modulation possible pour éviter le calque.
(6) Adjectif composé. Cf. chap. 2.III.a.
(7) Cf. n. 2, p. 132.

g) Version 36

Now, suddenly, Americans are alarmed. They shudder slightly as they enter an empty restaurant or pass by unoccupied buildings in what have been thought of (1) as prosperous areas. They wince when they encounter a salesperson in some (2) fancy emporium who makes an impromptu offer of 20, 30, even 50 percent off (3) the price of some luxury item.

But none of this is (4) really new. Business failures hit record rates in the early '80s ; beggars picking through trash cans have become commonplace on city streets ; banks and S&Ls[1] have been folding (5) more or less noisily for several years.

International Herald Tribune, November 1, 1991.

Indices

(1) Forme passive.
(2) Adverbe en français, donc invariable.
(3) Préposition à étoffer.
(4) Double négation en français. Cf. chap. 4.IV.a.
(5) *Present perfect* traduit par un présent. Cf. chap. 3.II.b.

h) Version 37

Despite five years of expansion by the US economy as a whole (1), many banks are racked by troubles in the farm belt (2), depressed conditions in the oil patch and unwise real estate ventures all over the country. While the large majority are solidly (3) in the black, the weakest institutions are in such bad shape that they threaten to exhaust the multibillion-dollar Government (4) insurance funds that protect depositors. If that happens, taxpayers (5) will have to come to the rescue. Federal regulators are confident (6) they can clean up the mess before it overwhelms the financial system, but if the US falls into a recession in the next year or two, the problems in banking will grow much worse.

Time.

Indices

(1) Expression idiomatique.
(2) Expression idiomatique. Voir aussi *Bible belt* (USA) et *Stockbrokers belt* (GB).
(3) Adverbe en *-ly* à transposer. Cf. chap. 2.I.d.

1. *Savings and Loans.*

(4) Moduler par un terme plus abstrait. Cf. chap. 5.II.b.
(5) Moduler par un terme plus abstrait. Cf. chap. 5.II.b.
(6) Faux ami. Cf. chap. 6.I.a.

i) Version 38

Moneymen around the world were yearning to look on the bright side, and it was high time (1). After weeks of gloom and stress since the Black Monday crash of Oct. 19, the financial markets needed only to see a few rays of hope to justify a rally. But everyone was looking for encouraging signals from the one (2) place in particular, the US, that lately has (3) been unable to deliver. Investors and foreign leaders watched with increasing impatience last week as they waited for America to come across (4) with some evidence (5) of progress in solving its economic problems.

In some respects, the US did. President Reagan gave verbal, albeit offhand, support (6) for the dollar.

Time, November 23, 1987.

Indices

(1) Expression idiomatique.
(2) = *only*.
(3) Conjugaison. Traduire par un subjonctif.
(4) *Phrasal verb*.
(5) Faux ami. Cf. chap. 6.I.b.
(6) Article à rajouter. Cf. chap. 1.I.b.

j) Version 39

More flexibility is what Britain's 70,000 pubs want. Scottish pubs, which since 1977 have been allowed (1) wide freedom in their opening hours, show what can be done. About two-thirds of them have taken advantage of the (2) new rules, usually by opening in the afternoon to serve not just drinks but tea, coffee, meals and snacks : lovely (3) for old people who want a warm place to meet their friends, and for rain-soaked (4) tourists.

The Economist, November 9, 1985.

Indices

(1) *Present perfect* à traduire par un présent. Cf. chap. 3.II.b.
(2) Article. Cf. chap. 1.II.f.
(3) Ellipse à étoffer.
(4) Adjectif composé. Cf. chap. 2.III.a.

k) Version 40

More puzzling and complicated than language is the American social syntax (1). The first impression is one of dazzling and rather unsettling informality, an indiscriminate camaraderie. But one learns that going to the opera in shirt-sleeves does not mean contempt (2) for culture or even necessarily a lack of rules. Calling (3) the boss by his first name, which takes some effort, does not mean that he and the office boy are equals. Indeed, equality is both the great illusion and the great reality of America.

Henry Grunwald, *Time*, July 8, 1985.

Indices

(1) Syntaxe avec inversion non reprise en français.
(2) Étoffer.
(3) Verbe en *-ing*. Traduire par un infinitif ou étoffer par une conjonctive.

l) Version 41

There is something about driving in general that seems to bring about (1) the beast. It's almost a game to see how many people can make it (2) through a yellow or red light. In New York City, it is more than a game ; the number of pedestrians hit by cars, many of them running lights, runs to 15,000 a year. A Houston newspaper offers a few friendly (3) tips : 'Try to release your anger in constructive ways. Running another car off (4) the road is not constructive or legal... When all else fails, do not pull out a gun.'

Time, October 5, 1984.

Indices

(1) *Phrasal verb.* Cf. chap. 3.VI.a.
(2) Expression idiomatique.
(3) Adjectif.
(4) *Phrasal verb.* Cf. chap. 3.VI.g.

m) Version 42

Alhough the Soviets have tough environmental laws on the books (1), they are all too often ignored (2) by bureaucrats eager to meet economic goals. Reports trickling out of (3) Moscow indicate that there is still widespread poaching, uncontrolled mining, and contamination of air and water, including continued (4) spillage of industrial wastes into Siberia's aquatic jewel, Lake Baïkal.

Not surprisingly (5), the Soviets rarely launder this dirty linen in public. Now a change seems to be in the air.

From 'Uneasy flows the Dniester,' *Time*,
November 14, 1983.

Indices

(1) Expression idiomatique. *By the book* → selon les règles, la loi.
(2) Faux ami. Cf. chap. 6.I.b.
(3) = *leaking*.
(4) Transposer par un adjectif.
(5) Modulation par une forme affirmative possible. Cf. chap. 5. II.a.

Corrigés

I. Corrigés des exercices

1.1

1) – Tu mens. Tu as trop besoin de cet argent.
2) Dans les années 60, la gauche faisait campagne pour les droits civils ou contre la guerre du Vietnam.
3) Je ne veux pas de responsabilités avec plein d'enfants dont il faut s'occuper.
4) Après dix ans passés en tant qu'analyste financier, M. Spade a démissionné pour de bon.
5) L'Union soviétique a insisté pour obtenir le retrait des missiles de croisière et des fusées Pershing II.
6) Des machines qui pensent.
7) Cet ordinateur filtre le courrier du patron, retient les lettres importantes et souligne les données les plus importantes.
8) De nombreux industriels sont convaincus que la maîtrise de ce secteur est une des clefs de la prospérité nationale.
9) L'Amérique et le Japon sont engagés dans une lutte sans merci pour être les premiers à dominer ce marché.
10) – Pour l'amour du ciel, Anne, dit Hugh, ne fais pas d'histoires.
11) Un désir sincère de minimiser les conflits.
12) Mme Morris allait partir au travail quand nous sommes arrivés.
13) Ce siècle a connu un renversement radical et durable des structures professionnelles.

14) Les personnes peuvent trouver un autre emploi quand la demande se modifie.
15) Cette fenêtre donnait sur le jardin, dont elle avait été très fière autrefois.

1.2

1) – Quel âge me donnais-tu ?
   – Dans les dix-huit ans.
   – Ce sera mon âge dorénavant.
2) – Je jurerais que je l'ai déjà vu quelque part.
   – Où ça ? demanda Glodstone.
   – Je ne sais pas. Il ressemble à quelqu'un que je connais, c'est tout.
   – Ce n'est pas ça que je veux dire, dit Glodstone, où est-il maintenant ?
3) Je pourrais te faire travailler pour cet examen, mais pas pour le suivant.
4) Sous ce gouvernement notre pays n'a plus à se tordre les mains et à demander pardon.
5) Il n'est que shérif/capitaine de gendarmerie adjoint. Et encore, c'est un débutant.
6) Le Japon. Ce nom évoque, à lui seul, la modernité : des cadrans, des voyants lumineux et des chiffres. Cette ancienne civilisation, avec ses prêtres shintoïstes et ses poèmes fragiles.
7) Oubliée, cette impression désagréable d'être laissé pour compte.
8) Essayez de ne pas oublier cette fois-ci.
9) Voilà sept ans que Dean travaille dur.
10) Frank s'enflammait vite, mais... cette voix merveilleuse qu'il avait !

1.3

1) Malgré ses propres faiblesses, son mariage avait vraiment été quelque chose de vivant.
2) « Sous ce gouvernement notre pays n'a plus à se tordre les mains et à demander pardon », a dit le président Reagan.
3) Tout le monde est venu avec sa propre opinion sur le film.
4) Il frappa à nouveau la table du poing.
5) Le vieux Laycock faisait de son mieux, bien sûr. Mais, pour lui, le mieux ne se définissait pas selon les critères de son employeur, mais selon les siens.
6) Les excuses de Laycock ressemblaient à celles du capitaine George dans *Trois hommes dans un bateau*. Pour le capitaine, le problème était toujours le vent. Pour Laycock, c'était la météo.

7) Ils arpentaient les rues, la tête haute.
8) Ses amis à lui étaient bien élevés. Les amis de sa femme étaient impossibles.
9) Elle voulait oublier sa solitude, mais Henry ne fit que l'augmenter, tétanisé par la sienne.
10) N'achète pas d'arme, utilise celle de Gilly.

1.4

1) Les jeunes ont été touchés par les coupes budgétaires plus que quiconque dans l'enseignement primaire, secondaire et supérieur.
2) Je regrette que Mme Thatcher ne veuille pas se montrer un peu plus compréhensive. Tout ce que je pense, c'est qu'il y a les nantis d'un côté et les exclus de l'autre.
3) Je dois siéger en cour martiale. Cela ne m'enchante guère.
4) – Je pensais que ce serait toi qui récupérerais les bijoux. Ça ne sert à rien de les expédier à Sarah.
5) Au lieu de chercher les ennuis il a souvent tenté de les éviter.
6) – J'imagine que tu es courant au sujet de la disparition d'Anne ?, dit Caroline pour commencer.
   – Bien entendu, répondit Fern en jubilant.
   – Alors comme ça tu trouves qu'il y a matière à rire, demanda Caroline.
   – Absolument. Tout ça est une farce.
7) Les vaisseaux spatiaux peuvent aider à empêcher les guerres et rendre plus facile le coup de fil à la grand-mère.
8) – Tu acceptes bien qu'une femme soigne les soldats sur le champ de bataille. Grand Dieux, pourquoi ne pourrait-elle pas assister à un combat de boxe ?
   – Ces deux choses, fit le commandant en se raidissant sur son siège, n'ont absolument rien à voir entre elles.
9) M. Martin avait l'habitude de passer le plus clair de son temps à lire des « livres stupides », comme il disait.
10) Le Boeing 767 est un appareil superbe, et facile à piloter.

1.5

1) Mme Thatcher a quitté le congrès annuel du parti conservateur à Blackpool sous les acclamations des militants.
2) Quelque 2 500 salariés doivent perdre leur emploi pendant la construction du tunnel sous la Manche.
3) Des vaisseaux spatiaux peuvent acheminer des hommes sur la lune et compter les anneaux de Saturne.

4) Frau Käthe Blütenweiss avait prévu un entretien fouillé avec sa future cliente. Ceci dit, cette jeune fille avait eu l'air très bien au téléphone.
5) Passer un bon moment à balayer les feuilles mortes en automne.
6) Vous dites des bêtises !
7) Pouvez-vous vous occuper des enfants le lundi et le vendredi ? (et non : lundi et vendredi prochains)
8) Que signifient toutes ces tergiversations ?
9) Le contrôle des prix sera levé le mois prochain.
10) Il étudia la vie des oiseaux, espèce après espèce.

1.6

1) Selon des statistiques gouvernementales, les couples dans lesquels le mari et la femme travaillent tous les deux représentent 56 % des ménages américains.
2) L'avortement est une question qui touche à la vie et à la mort (*une question de vie ou de mort* est une expression différente en français).
3) Il avait toujours été clair que les négociations américano-soviétiques sur le contrôle des armes resteraient bloquées.
4) Après avoir refusé pendant des mois d'accepter les <u>déploiements de missiles de l'OTAN</u>...
5) Un bastion conservateur de l'Angleterre profonde.
6) La libre entreprise fondée sur la participation.
7) Sans une amélioration de la qualité de la main-d'œuvre, ces changements visant à hausser le niveau de la productivité n'auraient sans doute pas pu être adoptés.
8) Les Britanniques craignent que des animaux enragés ne pénètrent une Angleterre épargnée par la rage à travers le tunnel sous la Manche.
9) Tout ce que la police trouva fut un livre pour enfants et l'agenda d'une femme.
10) L'idée de me faire acheter un détecteur de sons fut un conseil avisé.

2.1

1) L'aide des <u>pouvoirs publics</u> fut refusée aux réfugiés.
2) J'ai un <u>mal</u> de gorge.
3) Elle arrive à l'<u>instant</u>.
4) Auriez-vous la <u>possibilité</u> de tondre la pelouse jeudi ?
5) Ils ont tous dit du <u>bien</u> de ce jeune auteur.
6) Les arbres étaient en fleurs au <u>début</u> du printemps.
7) L'Amérique des <u>entreprises</u>.

8) Quel est le prix de vente ?
9) On entendit quelques coups de semonce.
10) Il progresse avec régularité.

2.2

1) Tous les grands axes routiers ont été dégagés.
2) La haute société devrait montrer l'exemple.
3) Les premiers moyens de transport publics sont apparus dans les villes.
4) Nous débouchons sur une route prioritaire.
5) Le grand Londres se divise en quartiers.
6) C'est le moyen le plus facile (des deux) pour se faire inviter.
7) Son discours manquait totalement de pertinence.
8) Parler en public, c'est ce que je préfère.
9) La partie ancienne du château est l'aile ouest.
10) Une grande maison ne ferait que rendre les choses plus difficiles.

2.3

1) Production intégrée
2) Âge limite de scolarisation
3) Emballage transparent
4) Avoir le mal de mer
5) Être sous-estimé
6) Être mineur
7) Un garçon gaucher
8) Des yeux en losange
9) Un écrivain en herbe
10) Un homme cultivé
11) Des hommes en chemises noires
12) Un parc de stationnement à plusieurs étages
13) Une grossièreté
14) Une politique attentiste
15) Un type du genre heureux de vivre / insouciant
16) Un point de vue réaliste
17) Une existence au jour le jour
18) Se sentir déprimé
19) Être presbyte
20) Sa remarque était très terre à terre

3.1

1) – Je n'aime pas cette soupe. – Finis-la ! *(traduit l'aspect du verbe anglais et de sa particule)*

2) Mes souvenirs s'estompent.
3) Ta sœur fait encore l'idiote. *(l'action est en cours et ponctuelle)*
4) Lady Bracknell était assise dans un grand fauteuil. (*sat down* → s'assit)
5) Relève-toi et prends ton médicament. *(mouvement indiqué par* up*)*
6) Le lapin fila dans le buisson. *(aspect d'intensité)*
7) Ta conduite fatigue de plus en plus ton père. *(aspect graduel)*
8) Je viens vous annoncer que mon patron a démissionné.
9) Hugh est écrivain. Il écrit un livre chaque année. *(pour éviter la répétition, on traduira l'aspect permanent du premier verbe par* be + *nom)*
10) C'est la première fois que je rencontre un chanteur.

3.2

1) Depuis 1977, les pubs jouissent d'une grande liberté quant aux heures d'ouverture.
2) Les gens s'attendaient à ce que les États-Unis avancent dans la résolution de leurs problèmes économiques. En un sens, ils ont avancé.
3) Depuis plusieurs années, la police essaie de changer de méthode.
4) Elle s'envola vers cette partie du monde où les villes ne s'étendaient pas dans toutes les directions.
5) Elle décida d'accepter le poste, mais j'aurais préféré qu'elle ne l'accepte pas.
6) Il m'a raconté que le taureau avait refusé de bouger jusqu'à ce que Enrique ait pris son épée.
7) Je vais appeler les flics, c'est décidé.
8) N'ouvre pas mon courrier, tu pourrais bien être surpris.
9) Il n'est pas question que mon fils s'inscrive à cette université, trouvez-en une autre !
10) Un chien affamé mord toujours.

3.3

1) Tu brûles !
2) Quand Harry entra dans le bar, tout le monde attendait que quelque chose se produise.
3) Elle a beaucoup changé et elle prend maintenant la vie différemment.
4) Je te rendrai / rends visite très bientôt.
5) Elle pleurait si fort que les voisins l'entendaient.
6) Il est hors de question que je paye pour ton petit ami ce soir !
7) Elle sentait que la douleur s'en allait.

8) Elle sentit la douleur s'en aller.
9) Essaie en appuyant de l'autre côté.
10) Robert devrait arrêter de travailler pour voir un médecin.

3.4

1) La pièce s'est coincée dans la machine.
2) Le fait de te soûler ne te mènera nulle part.
3) Les tomates se cultivent dans les climats chauds.
4) Je me demande s'ils aimeront cela.
5) Pourquoi ne te fais-tu pas enlever cette dent ?
6) Ils se sont crié dessus.
7) Notre dernier modèle peut s'installer partout dans la maison.
8) Attend que la baignoire ait fini de se vider.
9) Tout était compliqué : se laver le matin, se brosser les dents le soir, et même se retourner dans son lit.
10) Une Ferrari doit se conduire avec précision.

3.5

1) Ne fais pas l'idiot !
2) Je suis resté en prison environ une semaine.
3) Je ne connais pas son niveau d'expérience.
4) La plupart des choses (Ø) chères ont un pouvoir d'attraction.
5) Diable ! Vous apprenez vite !
6) Il y avait encore cinq heures d'attente.
7) Les étoiles brillaient comme des diamants.
8) Il y eut des coups de feu, puis le silence.
9) La raison pour laquelle je m'inquiète tant c'est que tu vas rater ton examen.
10) Le village n'a qu'une centaine d'années.

3.6

1) Ne vous approchez pas de ma fille !
2) Ses plans n'ont pas été payants.
3) Je vous dirai au revoir à la gare.
4) Pouvez-vous me loger / m'héberger pour la nuit ?
5) Je n'arrive pas à croire que tout cela était un coup monté.
6) Je n'arrive pas à la faire revenir à elle.
7) Le gouvernement essaie de minimiser l'affaire.
8) Ne vous inquiétez pas, je m'en sortirai.
9) Ils ne se sont pas très bien entendu.
10) Cramponne-toi ! / Tiens bon !

3.7

1) Les étudiants doivent se faire inscrire avant d'entrer. *(obligation officielle)*
2) Il est interdit d'apporter des boissons à l'intérieur de la bibliothèque. *(interdiction)*
3) – Comment vont les affaires ? – Pas trop mal. Je n'ai pas à me plaindre. *(capacité)*
4) Essayez d'appeler encore. Il est sûrement chez lui. *(certitude)*
5) Voulez-vous que j'ouvre une autre bouteille ? *(proposition)*
6) Il arrive que la pluie soit très romantique en Angleterre. *(probabilité)*
7) Vous n'aviez pas besoin de dire cela. *(nécessité)*
8) Il est de la plus haute importance que vous compreniez les moindres détails. *(subjonctif)*
9) – Le Premier ministre a écouté attentivement, mais il a refusé de changer d'avis.
   – Cela ne m'étonne pas. *(forme fréquentative)*
10) Je leur ai dit d'aller dans l'autre direction, mais ils ont refusé de m'écouter. *(volonté)*

3.8

1) – Ils n'ont pas l'air souffrant du tout. – Pourquoi voudriez-vous qu'ils aient l'air souffrant ?
2) – Qui a cassé la serrure ? – Moi.
3) – T'es-tu souvenu d'appeler Maman ? Il y eut un long moment de silence.
   – Eh bien ? / Alors ? *(si c'est le même personnage qui parle)*
   – Et toi ? *(si c'est son interlocuteur)*
4) – J'ai gagné un million de livres au loto. – Ah oui ?
5) – Le professeur est convaincu qu'il n'y a rien de bon dans mon devoir.
   – Parce qu'il y a quelque chose de bon ?
6) Dites voir, Higgins, comment s'appelle cet ami que vous avez ?
7) – Et si j'appelais l'école pour leur dire que tu ne peux pas venir aujourd'hui ?
   – Tu ferais cela ?
8) Je ne vais pas laisser ce détritus s'en tirer comme cela, quand même !
9) Kevin pourrait probablement affronter cette situation, mais moi j'en serais incapable.
10) Alors on a essayé de rouler un vieil ami, hein ?

3.9

1) Votre travail consiste à faire acheter nos produits. (people *n'est pas indispensable)*
Votre travail consiste à faire en sorte que les gens achètent nos produits.
2) Faites envoyer quelques fleurs à Grosvenor Square.
3) Les Wilson se font construire une maison derrière la nôtre.
4) Le nombre d'accidents devrait te faire réfléchir.
5) Montre-moi cette voiture, je vais la faire marcher en quelques minutes.
6) Je suis désolé de vous avoir fait attendre.
7) Pouvez-vous faire griller du pain, s'il vous plaît ?
8) – Je déteste ces rideaux. – Faites-les donc changer. *(« donc » traduit l'aspect immédiat de* get*)*
9) Il a fait la une des journaux en sauvant un chat dans un incendie.
10) Est-ce que je me fais bien comprendre ?

3.10

1) Pouvez-vous nettoyer ces assiettes en les essuyant ?
2) Nous avons ri à en tomber à genoux.
3) On m'a convaincu de faire l'affaire.
4) Le prisonnier traversa le tunnel en rampant.
5) À force de crier / Par ses cris, il fit sortir la pauvre vieille dame de la pièce.
6) Le vent ferma la fenêtre d'un coup sec.
7) Les deux vieilles dames passaient le temps en bavardant.
8) Le professeur la terrorisait tellement qu'elle en était malade.
9) Je vais te faire sauter la cervelle.
10) Le client inexpérimenté se laissa prendre et signa un chèque de 200 livres.

4.1

1) Les habitants évitent ce que l'on considère habituellement comme des quartiers dangereux.
2) Où est cette bouteille de whisky que l'on t'a offerte l'autre jour ?
3) Je vais m'occuper de ce qu'il reste. *(forme impersonnelle)*
4) Le député aurait quitté le parlement dans faire de commentaires. *(conditionnel journalistique)*
5) Les jupes se porteront très court l'année prochaine. *(forme pronominale)*
6) On pensait qu'il travaillait, mais tout le monde s'est trompé.

7) Le courrier est à remettre à l'entrée. *(infinitif)*
8) – Pourquoi ne pas avoir ramené les prisonniers ?
   – On ne m'en avait pas donné l'ordre. *(interlocuteur présent)*
9) Le vin rouge se sert chambré. *(forme pronominale)*
10) Il faut la plus grande attention. *(forme impersonnelle)*

4.2

1) Elle ne pensait pratiquement jamais à écrire à son frère.
2) Si j'avais pensé une seule seconde que je faisais preuve de cruauté, je me serais arrêté de parler.
3) Comme elle était heureuse de les voir, on voyait des larmes sur son visage.
4) Je me demande quelle est la destination la moins chère.
5) On tourne, on tourne !
6) C'était une si belle histoire !
7) Il n'y avait personne, aussi se dirigea-t-il vers l'arrière de la maison.
8) Est-ce que ça va ?
9) Je n'ai jamais su quel était son plat préféré.
10) Le contrat dont je vous ai donné le numéro au téléphone.

4.3

1) Il serrait la voiture de devant de trop près.
2) Un grand nuage de fumée en suspension recouvrait la ville.
3) Le journaliste passa près du bureau en courant.
4) Vous pouvez passer par l'ambassade pour me contacter.
5) Cela a dû être très amusant de traverser le pays en vélo.
6) Elle descendit les escaliers en boitant.
7) Il faisait les cent pas dans la pièce.
8) Le jeune garçon décida de s'éloigner de l'épave (à la nage). *(si le contexte n'est pas clair)*
9) Son pantalon était recouvert de sauce tomate.
10) – M. Blair, s'il vous plaît. – Je vous le passe.

4.4

1) Ils se voyaient rarement.
2) Je n'y suis jamais allé.
3) Il n'y avait pratiquement pas de patient dans la pièce.
4) Il ne nous a pas appelés.
5) – Je ne suis jamais content quand il pleut. – C'est le cas de tout le monde.
6) – Est-ce que Mme James a appelé ? – Je crains que non.

7) Elle était loin de s'attendre à ce que son nouveau mari invite la mafia à leur mariage.
8) Comme elle est belle dans sa nouvelle robe !
9) Pas une fois la commission n'a tenté de mettre fin à l'enquête.
10) – Vous arrive-t-il de manger au restaurant à Londres ?
– Pratiquement jamais.

5.1
1) Elle finit par arriver à la fin du mois d'octobre, quand le temps se refroidit.
2) Nous n'avons pris que quelques verres de temps en temps.
3) Prends le rapport et lis-le à tête reposée.
4) Pardon d'être grossier.
5) Notre pays n'a pas beaucoup souffert de la crise pétrolière.
6) Cela fait maintenant un mois que la secrétaire est en congé maladie.
7) Tout ce qui t'intéresse c'est de t'enrichir davantage.
8) Un tel investissement ne peut qu'aboutir à une baisse de la rentabilité.
9) Je viens chercher / acheter une nouvelle voiture.
10) Ceci ne modifiera pas mes convictions.

5.2
1) le dernier étage
2) du bois de chauffage (et non pas un feu de bois)
3) lave-toi la tête
4) une chaise pour enfant
5) de l'encre de Chine
6) un film en exclusivité
7) une situation inversée
8) l'encadrement du crédit
9) un éditorial
10) austérité budgétaire

5.3.a
1) Depuis vingt ans, notre société a connu un changement de fond en comble.
2) Il a été condamné à cinq ans, et à juste titre.
3) Il a sauté dans l'eau du haut de la tour.
4) Il y aura des autocars pour se rendre à la gare.
5) L'homme qui se tient dans le coin.

6) Les policiers retournèrent à l'endroit où l'on avait entendu les premières explosions.
7) Les maths sont un de ses points forts.
8) – Alors, Georges, on a encore le temps de lire ?
9) J'en ai assez de ce travail.
10) *La machine à remonter le temps*, de H. G. Wells

5.3.b

1) Le Premier ministre doit faire un discours décisif à la Chambre des communes.
2) Les changements structurels font bouillir le marché du thé
3) Les patrons japonais sont tués par l'abus de travail
4) Les routes paralysées par le froid
5) L'homme qui se cache derrière 1984
6) Les points noirs de la Grande-Bretagne
7) Qui prend soin du bébé ?
8) De l'art de faire pression
9) L'économie du chacun-pour-soi
10) Les barbares des Temps modernes

5.4

1) Cette affaire ne m'intéresse pas, je ne marche pas.
2) Il a essayé de faire d'une pierre deux coups.
3) Pas besoin d'explications, je l'avais compris à demi-mot.
4) Nous ne voyons Frank qu'une fois tous les trente-six du mois.
5) – Merci encore pour votre aide
   – Je vous en prie.
6) Ils se retrouvèrent dans une situation sans issue.
7) Vous avez eu de la veine sur ce coup.
8) Je vous ferai ravaler vos paroles.
9) Quelques cachets et vous serez sur pied.
10) Ne lui en voulez pas, il ne faisait que son devoir.

6.1

1) Des troupes ennemies ont été repérées dans la région. *(« hostile » est un sentiment en français)*
2) Tu ne montres pas beaucoup de compassion.
3) Je ne crois pas à la nouvelle pédagogie. *(« éducation » signifie « savoir-vivre »)*
4) C'était un philosophe de l'Antiquité.
5) Un Français pourrait être confiseur à Londres.
6) Elle ne pouvait suivre la cadence.

7) Sans conservateur. *(pour un produit frais, par exemple)*
8) Vois-tu le reflet de la lune sur le lac ? / Vois-tu la lune se refléter sur le lac ?
9) Davis, voilà son nom de famille.
10) Aux États-Unis, les grands électeurs votent au même moment. *(électeur →* voter*)*

6.2
1) Ce qu'il y a de fascinant chez lui c'est sa capacité à rester calme.
2) Mon père est docteur en théologie.
3) Notre magazine vise les dirigeants / responsables de toutes sortes.
4) – Je suis malade. – C'est un bon prétexte pour rester au lit.
5) La jeune fille n'avait que dix-neuf ans et travaillait déjà.
6) Dans un proche avenir, les nourrissons seront en meilleure santé.
7) Peux-tu te souvenir de donner à manger au chat. *(nourrir a une portée plus générale)*
8) Notre entreprise étudiera toutes les occasions qui lui permettront de croître.
9) Le parti a donné un coup de neuf à son programme politique.
10) Il nous faut développer l'assurance vieillesse.
11) Les vieux immeubles ont été restaurés.
12) Ce pays est un véritable refuge pour les terroristes.

II. Corrigés des versions expliquées

Version 1

Elle avait donc passé presque une année entière en compagnie de ses semblables et, avec eux, elle avait appris à écrire et à compter. Elle avait sept ans, et ces deux heures-là, dans l'après-midi, lui étaient précieuses. Elles lui étaient particulièrement précieuses parce qu'elle y était arrivée toute seule et éprouvait plaisir et surprise au plaisir et à la suprise que cela créait chez sa mère et chez ses frères. Pour cinq centimes par mois, Lady Jones faisait ce que les Blancs considéraient comme inutile, voire illégal : elle rassemblait dans son petit salon la foule des enfants de couleur qui avaient du temps et que l'instruction intéressait. La pièce de cinq centimes, serrée dans le nœud d'un mouchoir, lui-même attaché à la ceinture, et qu'elle apportait à Lady Jones, la grisait. L'effort qu'elle faisait pour manier la craie comme il fallait sans la faire crisser ; le *w* majuscule, le *i* minuscule, la beauté des lettres de son nom, la profonde tristesse des phrases de la Bible qui servait de manuel à Lady Jones.

Version 2

– Je suis à La Nouvelle-Orléans, dit-elle, et je suppose que vous voulez que l'on se rencontre et que l'on sympathise, et puis que je sois admise dans le cercle et, comme vous dites, que je m'en remette à vous, les mecs, pour me protéger une fois pour toutes.
– C'est exact. Si vous ne le faites pas, vous serez morte. C'est une question de jours.
– Vous ne mâchez pas vos mots, n'est-ce pas ?
– Non. Vous n'êtes qu'un pion et vous ne savez pas ce que vous faites.
– Qui en a après moi, Gavin ?
– Peut-être bien un paquet de gens.

Version 3

McVey la regarda fixement mais ne dit rien. Lebrun l'imita. Ils attendaient qu'elle continue.
– Je l'ai quitté à la gare Montparnasse vers quatre heures cet après-midi. Je n'aurais pas dû mais il refusait de faire autrement.
– Où allait-il ? demanda McVey. Vera fit un signe négatif de la tête.
– Vous ne savez pas non plus.
– Je suis désolée. Je vous ai dit qu'il se faisait du souci à mon sujet. Il ne voulait pas me voir impliquée plus que je ne l'étais déjà.

Version 4

Je dois vous parler au sujet de la réalité du métier d'agent secret en France. Des détails sur le comportement des Français et sur leurs milieux politiques. Je dois vous mettre au courant sur l'organisation du général de Gaulle. Pour finir vous subirez des séances d'interrogatoire musclées, on vous dira ce que l'on attend de vous au cas où vous seriez pris, et l'on vous expliquera quelle est la meilleure façon de résister à un interrogatoire. Vous aurez vos soirées de libre et il y aura des voitures pour Southampton tous les soirs.

Version 5

– Tu es sûr que ce n'est pas à toi qu'elle a dit de partir ? dit le docteur.
– Je regrette qu'elle ne l'ait pas fait. Ma situation serait plus confortable maintenant. Non, c'est moi qui ai décidé. Je ne voulais pas partir, mais il m'était impossible de rester. Il fallait que quelqu'un prenne l'initiative. C'est ce que j'ai fait.
Balayant à l'avance toutes les objections que ferait son fils, le docteur demanda :
– Pourquoi as-tu perdu ton travail chez Rojax ?
– Je ne l'ai pas perdu. Je te l'ai dit.
– Tu mens. Tu n'aurais pas coupé les ponts avec eux. Tu a trop besoin d'argent. Tu as dû t'attirer des ennuis.

Version 6

– J'aimerais bien que tu me dises ton âge.
– Vingt-deux ans, dit-elle, et son regard grave croisa le sien. Quel âge me donnais-tu ?
– Dans les dix-huit ans.
– Je vais me mettre à avoir cet âge-là. Je n'aime pas avoir vingt-deux ans. C'est ce que je déteste le plus au monde.
– Avoir vingt-deux ans ?
– Non, vieillir et tout le reste. Se marier.
– Tu ne voudras jamais te marier ?
– Je ne veux pas avoir de responsabilités, et plein d'enfants à ma charge.

Version 7

Alessia avait vraiment l'air très frêle. Je me mis à genoux près de son fauteuil et je la pris dans mes bras protecteurs.
– Tu pourrais attendre dans l'autre pièce, dis-je. Regarder la télévision. Lire un livre.
– Tu sais bien que je ne peux pas.
– Excuse-moi pour tout ce qui arrive.
Elle me jeta un coup d'œil rapide.
– Tu as essayé de me persuader de rentrer à la maison pour retrouver Popsy. C'est de ma faute si je suis ici. Tout va bien. Je ne vais pas te casser les pieds, c'est promis.
Elle avala sa salive.
– Tout cela est tellement bizarre vu de l'autre côté de la barrière.

Version 8

– Dites voir, Patton, murmura-t-il, je suis sûr qu'on est en train de nous surveiller. Il y a un Français au coin et je jurerais que je l'ai déjà vu quelque part.
– Où ça ? demanda Glodstone.
– Je ne sais pas. Il ressemble à quelqu'un que je connais, c'est tout.
– Ça n'est pas ce que je veux dire, dit Glodstone, je veux savoir où il est maintenant.
– Il n'est plus là, dit Patton, mais il a traîné dans les environs toute la journée.
– Parfait, dit Glodstone. Ce soir nous serons suivis et donc nous prendrons nos armes avec nous.

Version 9

Après les fastes du sommet sur l'emploi, il est clair que l'Europe reste résolue à se précipiter vers l'Union économique et monétaire sans la flexibilité du marché de l'emploi, élément prépondérant de son succès. Sans cette flexibilité, les économies nationales privées de politique monétaire autonome seront incapables d'éviter un supplément de chômage pour s'adapter aux secousses erratiques. Les partisans de l'union monétaire européenne maintiennent que la grandeur du projet justifie le risque pris.

Version 10

L'incendie qui a provoqué, cette semaine, l'arrêt momentané du fonctionnement du tunnel sous la Manche a ravivé les craintes liées aux dangers inhérents à la traversée de tunnels, en particulier sous la mer. Après une série de retards pour l'inauguration du tunnel, le service ferroviaire entre le Royaume-Uni et la France a connu une forte croissance depuis deux ans et demi, et celui-ci représente actuellement environ 40 % de l'ensemble de la circulation entre Douvres et Calais. Les événements de cette semaine constituent néanmoins un revers pour les exploitants du tunnel.

Version 11

Le retour de l'Amérique au premier rang de l'économie mondiale est de plus en plus évident. De nombreuses études sur les pays les plus compétitifs du monde placent les États-Unis devant le Japon et l'Allemagne.

Mais la plupart des Américains ignorent à quel point ils attaquent d'emblée cette compétition avec une solide avance sur leurs concurrents asiatiques et européens dans la course à l'économie mondialisée du XXIe siècle.

Version 12

Lorsque les deux époux éprouvent de la satisfaction dans leur carrière, lequel a priorité sur l'autre ? Selon des statistiques officielles, dans 56 % des mariages américains le mari et la femme sont tous deux salariés. Il n'est pas surprenant que certaines attentes traditionnelles cèdent le pas devant de nouvelles réalités. C'est aujourd'hui le mari dévoué qui peut être amené à s'opposer à l'idée de déménager dans une autre ville pour suivre la carrière de son épouse. Quant aux femmes, elles ne sont plus prêtes à soutenir sans broncher – et gratuitement – les ambitions professionnelles de leur conjoint.

Version 13

À une croisade il faut une cause. Dans les années soixante, la gauche a fait campagne en faveur des droits civils, ou contre la guerre du Vietnam. De nombreux conservateurs, mais pas tous loin de là, croient qu'en essayant de modifier la législation sur l'avortement ils disposent d'une cause aussi mobilisatrice que les causes de la gauche d'il y a vingt ans. Et c'est en effet plus ou moins le cas. L'avortement est un sujet qui touche à la vie et à la mort et qui soulève les passions chez beaucoup de gens.

Version 14

À la veille de son soixantième anniversaire, et après dix ans passés à la tête du parti, Mme Thatcher a quitté le congrès des Conservateurs à Blackpool sous les acclamations des fidèles qui réclamaient « dix ans de plus ». Il leur fallait bien crier quelque chose, mais le contenu de ce congrès ne leur en avait guère offert l'occcasion. D'habitude, le parti au pouvoir profite au maximum de ce rassemblement annuel, occasion superbe d'annoncer de nouvelles initiatives et de proposer de nouvelles perspectives afin d'accrocher la une des journaux.

Version 15

Il avait toujours été clair que l'OTAN ne céderait pas, et que les négociations américano-soviétiques sur le contrôle des armements resteraient bloquées tant que l'Union soviétique poserait comme condition préalable à de nouveaux pourparlers le retrait des missiles de croisière et des Pershing II installés en Europe.

La décision de ne plus mettre en avant cette exigence particulère, après de nombreux mois pendant lesquels le Kremlin a refusé d'accepter les déploiements de l'OTAN, va donc peut-être débloquer de nombreux verrous.

Version 16

Des machines qui pensent.

Dénué d'états d'âme, toujours ponctuel, efficace et infatigable, *Epistle* parcourt le courrier du patron, sélectionne les lettres importantes et souligne les données clefs avant l'arrivée du responsable.

Epistle n'a rien d'une simple secrétaire. C'est un robot en cours de développement chez IBM, et qui fait partie d'une génération en pleine expansion d'appareils qui peuvent penser et raisonner un peu comme le cerveau de l'homme. On s'attend à ce que de tels robots finissent par révolutionner les conditions de travail de millions de gens.

Bien que l'intelligence artificielle reste relativement inconnue du grand public, on la considère comme l'un des progrès techniques les plus prometteurs depuis des dizaines d'années. De nombreux industriels pensent que la maîtrise de ce domaine donne un accès à la prospérité nationale. Ce n'est pas par hasard que l'Amérique et le Japon luttent inexorablement pour être les premiers à dominer ce marché.

Bibliographie

Ouvrages sur la traduction

J.-P. Vinay, *Stylistique comparée du français et de l'anglais*, Didier, 1977.

M. Ballard, *La traduction de l'anglais au français*, Nathan Université, 1987.

P. Laruelle, *La version anglaise*, Ellipses, 1989.

H. Van Hoof, *Traduire l'anglais*, Duculot, 1989.

F. Grellet, *Initiation à la version anglaise*, Hachette, 1993.

J.-M. Thomson, *From and into English*, Dunod, 1993.

Dictionnaires et lexiques

J. Rey, *Dictionnaire sélectif et commenté des difficultés de la version anglaise*, Ophrys, 1984.

J. Rey-Debove et G. Gagnon, *Dictionnaire des anglicismes*, Robert.

P. Laruelle, *Les faux amis en anglais*, Ellipses, 1990.

English Language Dictionary, Cobuild Collins, 1993.

G. Riegl et J.-Y. Sellin, *The English toolbook*, Ellipses, 1994.

Dictionary of phrasal verbs, Cobuild Collins, 1997.

D. de Blaye et P. Efratas, *Passez-moi l'expression en anglais*, Belin, 1997.

A. Gilder, *En vrai français dans le texte / dictionnaire franglais-français*, Le Cherche Midi, 1999.

Grammaires anglaises

A. J. Thomson et A. V. Martinet, *A Practical English Grammar*, Oxford University Press, 1986.

S. Berland-Delépine, *La grammaire anglaise de l'étudiant*, Ophrys, 1989.

M. Arrouch, *Grammaire anglaise : les 100 pièges à éviter*, Ellipses, 1992.

P. Laruelle et F. Michelet, *L'aide-mémoire de l'angliciste*, Major PUF (nouv. éd.), 1998.

Grammaires françaises

Grévisse, *Le bon usage*, Duculot, 1993.

J.-P. Colin, *Dictionnaire des difficultés du français*, Robert, 1994.

A. Doppagne, *La bonne ponctuation*, Duculot, 1998.

Divers

A. Sussel, *Lire la presse en anglais*, Hachette, 1992.

J. Dutourd, *À la recherche du français perdu*, Plon, 1999.

M. Druon, *Le « bon français »*, Éditions du Rocher, 1999.

C. Duneton, *La mort du français*, Plon, 1999.

MAJOR

ALLAL Patrick, GUILHEMSANS Marie-Françoise, SAILLARD Marie-Odile, FRAISSEIX Patrick – Droit hospitalier

ALLMANG Cédrick – Petites leçons de géographie

ALVERGNE Christel, TAULELLE François – Du local à l'Europe, les nouvelles politiques d'aménagement du territoire

BARÓ-VANELLY Marie-Christine, SALLES Marie-Christine – Exercices de thème grammatical espagnol

BARON Sylvia – Les métiers de l'environnement

BEDEL Jean-Marc – Grammaire de l'espagnol moderne (4e éd. corrigée)

BERNARD Guillaume, DUQUESNOY Éric – Les forces politiques françaises. Rapports Anteios 2007

BERTHELOT Ascension – Le thème espagnol aux concours

BIGEL Jean-Pierre – Mesure et démesure. Dissertations

BILEMDJIAN Sophie – Premières leçons sur *L'existentialisme est un humanisme* de Jean-Paul Sartre

BONIFACE Pascal, NIVET Bastien – Petit dico européen

BOURGUIGNON Claire – La démarche didactique en anglais

BRABEC Maximilien – Sortir du « Me too ». La stratégie de compétition par la différence

BRUNEL Sylvie – Le Sud dans la nouvelle économie mondiale

CAREL Nicolas – Exercices de version anglaise (2e éd. mise à jour)

CASTELLANI Jean-Pierre, URUBAYEN Miguel – Décrypter la presse écrite espagnol

CERVELLON Christophe – Mesure et démesure

CERVELLON Christophe, LAUPIES Frédéric – La recherche du bonheur

CHAMPAGNE Pierre – L'organisation scolaire et universitaire

CHANCEL Claude, PIELBERG Éric-Charles – Le monde chinois dans le nouvel espace mondial

CHANCEL Claude, TELLENNE Cédric, PIELBERG Éric-Charles – L'Autre monde. Géopolitique de l'Asie méridionale et orientale

CHAPRON Françoise, MORIZIO Claude – Préparer et réussir le CAPES externe de documentation

CHAUVIN Andrée – Leçon littéraire sur *W ou le souvenir d'enfance* de Georges Perec
CHRAÏBI Sylvie, EL QASEM Fayza – Arabe, 1001 erreurs à éviter
CLÉMENT Jean-Pierre – España, ahora
COBAST Éric – Anthologie de culture générale
COBAST Éric – Essentielles de culture générale
COBAST Éric – Lexique de culture générale
COBAST Éric – Leçons particulières de culture générale (6e éd.)
COBAST Éric – Petites leçons de culture générale (6e éd.)
COBAST Éric – Les *Dieux antiques* de Stéphane Mallarmé
COBAST Éric (sous la direction) – La revue de culture générale. L'Année major 1999-2000
COMBE Emmanuel – Précis d'économie (8e éd. refondue et mise à jour)
COMBROUZE Alain – Probabilités et statistiques
COMBROUZE Alain – Probabilités, 1
COMBROUZE Alain – Probabilités et statistiques, 2, Voie scientifique
COMBROUZE Alain, DEDE Alexandre – Analyse. Algèbre
COMBROUZE Alain, DEDE Alexandre – Analyse. Algèbre, Prépa HEC, 2e année, voie économique
COMBROUZE Alain, DEDE Alexandre – Probabilités et statistiques, 1, Voie économique
COMBROUZE Alain, DEDE Alexandre – Probabilités et statistiques, 2, Voie économique
COMBROUZE Alain, TRAN VAN HIEP – Mathématiques. Analyse et programmation
CONRAD Philippe – Le poids des armes. Guerres et conflits de 1900 à 1945
DAUBE Jean-Michel – Verbes anglais : savoir et savoir-faire
DAUBE Jean-Michel, INALCO. – E-Lexique français-anglais-arabe des relations internationales
DAUBE Jean-Michel, INALCO. – E-Lexique français-anglais de la vie politique
DAUBE Jean-Michel, INALCO. – E-Lexique français-anglais des médias
DAVID Olivier, SUISSA Jean-Luc – La dissertation de géopolitique
DEBOVE Frédéric, FALLETTI François – Précis de droit pénal et de procédure pénale (2e éd. revue et augmentée)
DEDE Alexandre – Exercices de mathématiques (Prépa HEC)
DÉFOSSÉ Jacques – Principes et méthodes du commentaire de cartes aux concours (3e éd. corrigée)
DIEHL Christel – L'anglais du droit des affaires
DIEHL Christel – TOEIC® : Comment optimiser son score (2e éd. corrigée)

DIEHL Christel – Job Interview : réussir les entretiens de sélection en français et en anglais

DIOT Marie-Renée, DIOT Jean-Robert – Deutschland, was nun ? (6e éd.)

DRANCOURT Michel – Leçon d'histoire sur l'entreprise, de l'Antiquité à nos jours (2e éd. mise à jour)

DRANCOURT Michel – Les nouvelles frontières de l'entreprise

DROUIN Jean-Claude – Tous économistes ! (2e éd. refondue)

DROUIN Jean-Claude – Les grands économistes

DUPAS Hervé Guy, BENNERT Uwe – Lexique de civilisation germanique

DURAND Virginie – Les métiers de la communication d'entreprise

DURVYE Catherine, FESSIER Guy, AKAMATSU Étienne – Penser l'histoire

DURVYE Catherine, CERVELLON Christophe, LAUPIES Frédéric, SANTERRE Jean-Paul – Puissances de l'imagination. Cervantès, Malebranche, Proust

ECK Jean-François – La France dans la nouvelle économie mondiale (5e éd. mise à jour)

ECK Jean-François – Enjeux – Les Échos – Sous la crise, la croissance

FABRIÈS-VERFAILLIE Maryse – L'Afrique du Nord et le Moyen-Orient dans le nouvel espace mondial

FESSIER Guy – L'épistolaire

FESSIER Guy – *Dom Juan* de Molière. Leçon littéraire

Fichaux Fabien – L'épreuve d'anglais à Science Po

FLOUZAT Denise – La nouvelle émergence de l'Asie

FORT Sylvain – Leçon littéraire sur *93* de Victor Hugo

FRAISSEX Patrick, VALETTE Jean-Paul – Précis de droit public

FRÉMICOURT Éric – Diriger. 100 fiches techniques de gestion des ressources humaines

GAUCHON Pascal (sous la direction de) – Le Monde. Manuel de géopolitique et géoéconomie

GAUCHON Pascal (sous la direction de) – Les grandes puissances du XXIe siècle. Rapport Anteios 2008

GAUCHON Pascal, HAMON Dominique, MAURAS Annie – La Triade dans la nouvelle économie mondiale (4e éd. mise à jour)

GAUCHON Pascal – Mondialistes et Français toujours ?

GAUCHON Pascal (sous la direction de) – L'exception américaine

GAUCHON Pascal (sous la direction de) – Inde, Chine, à l'assaut du monde. Rapport Anteios 2006

GAUCHON Pascal, GERVAISE Yves – Le Nouveau Monde. Géopolitique des Amériques

GAUCHON Pascal, TELLENNE Cédric – Géopolitique du développement durable. Rapport Anteios 2005
GAUDIN Philippe – Préparer les concours des écoles de journalisme
GERVASI Laurène, JOHANSSON Franz – Le biographique
GIOL Charles – De Jaurès à Sarkozy. Petite somme d'histoire de France de 1914 à nos jours
GJIDARA-DECAIX Sophie – Précis de droit civil
GOFFART Michel, GUËT Alain, JONES Gwyn, MICHELET Françoise – Lexique de civilisation américaine et britannique (3e éd. revue et augmentée)
GUEDON Jean-François – La note administrative aux concours
GUËT Alain, LARUELLE Philippe – The US in a Nusthell (3e éd. revue et augmentée)
GUILLOT Isabelle – *Fables* de La Fontaine. Leçon littéraire
HAMON Dominique, KELLER Ivan – Fondements et étapes de la construction européenne
HAUTIN Christine, BILLIER Dominique – « Être compagnon »
HERVOUET François-Xavier – La poésie
HILLERIN Alexis de, HILLERIN Camille de – Théâtre, texte et représentation
HOLZ Jean-Marc, HOUSSEL Jean-Pierre, MANTEAU Julien – L'industrie dans la nouvelle économie mondiale
IMBERT Marie-José – ¿Cómo decirlo? Comment le dire ? Vocabulaire français-espagnol (2e éd.)
JANVIER Sophie – Les métiers du journalisme
KARILA-COHEN Pierre, WILFERT Blaise – Leçon d'histoire sur le syndicalisme en France
KERBRAT Marie-Claire – Leçon littéraire sur *Frankenstein* de Mary Shelley
LABREUCHE F., MAZEREAU G., TIRARD M. – Vocabulaire économique quadrilingue
LAIZÉ Hubert – Leçon littéraire sur *La Paix* d'Aristophane
LANDES Agnès – La dissertation de culture générale. Méthode, exercices, sujets
LANOT Franck et divers auteurs – Dictionnaire de culture littéraire
LARUELLE Philippe, MICHELET Françoise – L'aide-mémoire de l'angliciste (4e éd. revue et augmentée)
LARUELLE Philippe – Mieux écrire en anglais (3e éd.)
LARUELLE Philippe – Le thème anglais par les citations
LAUPIES Frédéric – Leçon philosophique sur le temps
LAUPIES Frédéric – Leçon philosophique sur la représentation

LAUPIES Frédéric – Leçon philosophique sur l'échange
LAUPIES Frédéric – Leçon philosophique sur *Projet de paix perpétuelle* de Kant
LAUPIES Frédéric – La justice. Premières leçons
LAUPIES Frédéric – *Traité des animaux* de Condillac. Leçon philosophique
LAUPIES Frédéric – L'action. Premières leçons
LAUPIES Frédéric – Premières leçons de philosophie
LAUPIES Frédéric – La passion. Premières leçons
LAUPIES Frédéric (sous la direction de) – Dictionnaire de culture générale (2e éd. revue et augmentée)
LAUPIES Frédéric – *Gorgias* de Platon. Leçon philosophique
LAUPIES Frédéric – La croyance. Premières leçons
LE DIRAISON Serge, ZERNIK Éric – Le corps des philosophes
LEFEBVRE Maxime – Le jeu du droit et de la puissance. Précis de relations internationales (3e éd. mise à jour)
LE GUÉRINEL Pierre – Individualisme et crise des institutions. Manuel de culture générale
LE GUÉRINEL Pierre – Une société d'exclusion ? Manuel de culture générale
LEVEAU Jacques – L'aide-mémoire du germaniste
LEVEAU Jacques – L'oral d'allemand aux concours
MARCO Luc, BUI QUANG Hien – Petit dico d'économie et de management de la santé
MARÉCHAUX Pierre – Littérature latine. Manuel de poche
MAYEUR Arnaud – Les grands économistes contemporains
MAYEUR Arnaud – Choix collectifs et raison d'État. Macroéconomie
MULLER Évelyne, SCHMIDT Barbara – Traduction anglaise, maîtriser l'outil internet
NOUSCHI Marc – Temps forts du XXe siècle
ORTEGA Olivier – La note de synthèse juridique à l'entrée à l'EFB, aux CRFPA et à l'ENM
POIZAT Jean-Claude – *La Métamorphose* de Kafka. Leçon littéraire
Prépasup – Guide de l'étudiant en droit
PRETESEILLE Stéphane et divers auteurs – Annales de mathématiques 2001. Voie économique
PRETESEILLE Stéphane et divers auteurs – Annales de mathématiques 2002. Voie scientifique
PRETESEILLE Stéphane et divers auteurs – Annales de mathématiques 2002. Voie économique
PROST Yannick – Petites leçons d'histoire contemporaine
QUESNEL Alain – Les mythes modernes. Actualité de la culture générale

REVARDEAUX François – Petite grammaire de l'italien
REVARDEAUX François – L'aide-mémoire de l'italianisant
RICOT Jacques – Leçon sur l'*Éthique à Nicomaque* d'Aristote
RICOT Jacques – Leçon sur la paix
RIUTORT Philippe – Précis de sociologie
ROTGÉ Wilfrid, MALAVIEILLE Michèle, MUTCH George – Exercices de thème grammatical anglais
ROBERT Richard – Les mouvements littéraires
ROBINET Jean-François – Le temps de la pensée
ROYER Pierre, GABBAY Anne, TREMOLET Vincent – Préparer et réussir le concours des IRA
SAÏD Laurent – Nécessaire et suffisant. Cours et exercices appliqués de mathématiques
SAINTE-LORETTE Patrick de, MARZÉ Jo – L'épreuve d'entretien aux concours (7e éd.)
SALOMON Renaud – Précis de droit commercial
SANTERRE Jean-Paul – Leçon littéraire sur *En attendant Godot* de Beckett
SANTERRE Jean-Paul – Dissertation sur *La Paix*
SANTERRE Jean-Paul – *Gargantua* de Rabelais. Leçon littéraire
SCHARFEN Herbert – Allemand, cinq cents fautes à éviter (4e éd. corrigée)
SCHMIDT Barbara, MULLER Évelyne – Traduction anglaise : maîtriser l'outil Internet
SEGUIN André de – Le Mexique dans la nouvelle économie mondiale
SÉNAT David, BONAN Fabien – Préparer et réussir les concours de l'École nationale de la magistrature (3e éd. mise à jour)
SÉNAT David, GAYRAUD Jean-François – Préparer et réussir les concours de commissaire de police et de lieutenant de police
SÉNAT David, JEANJEAN Philippe – Préparer et réussir les concours de l'École nationale des greffes
TABET Emmanuelle – Convaincre, persuader, délibérer
TARIN René – Préparer et réussir le concours de conseiller principal d'éducation
TEULON Frédéric – L'État et la politique économique
TEULON Frédéric – Croissance, crises et développement (8e éd. mise à jour)
TEULON Frédéric – La nouvelle économie mondiale (5e éd. mise à jour)
TEULON Frédéric (sous la direction de) – Dictionnaire. Histoire, économie, finance, géographie (4e éd. refondue)
TEULON Frédéric – Initiation à la macro-économie

TEULON Frédéric – Initiation à la micro-économie (4e éd.)

TOUCHARD Patrice, BERMOND Christine, CABANEL Patrick, LEFEBVRE Maxime – Le siècle des excès de 1870 à nos jours (6e éd.)

TRAN VAN HIEP, COMBROUZE Alain – Mathématiques. Formulaire (5e éd. revue et augmentée)

TRAN VAN HIEP – Les plus beaux problèmes de mathématiques. HEC 1re et 2e années

TRAN VAN HIEP – Analyse, 2

TRAN VAN HIEP, COMBROUZE Alain – Mathématiques. Analyse et programmation. Cours et exercices

TREMOLET Vincent, ALCAUD David, GABBAY-BAUX Anne – Réussir le concours d'attaché territorial

TROUVÉ Alain – Réussir le résumé et la synthèse de textes aux concours (3e éd. corrigée)

VERPEAUX Michel, LEPAGNOT Christian – Droit des collectivités territoriales

VIELLARD Stéphane – Lire les textes russes

Imprimé en France
par MD Impressions
73, avenue Ronsard, 41100 Vendôme
Juin 2008 — N° 54 642